靈修著作精選｜盧雲系列｜

心之所繫

觸摸盧雲的生命

麗貝卡·萊爾德｜邁克爾·克理斯坦森｜合編

魏詩韻 等｜譯

基道出版社

▼

靈修著作精選•盧雲系列

心之所繫

觸摸盧雲的生命

The Heart of Henri Nouwen

His Words of Blessing

原書編者

麗貝卡．萊爾德 Rebecca Laird

邁克爾．克理斯坦森 Michael J. Christensen

譯者

魏詩韻 等

責任編輯

何敏璇

裝幀設計

莫可雅

■

出版／發行

基道出版社

香港沙田火炭坳背灣街26號富騰工業中心1011室

LOGOS PUBLISHERS

Unit 1011, Fo Tan Ind. Centre, 26 Au Pui Wan St., Shatin, Hong Kong

電話：(852) 2687-0331　傳真：(852) 2687-0281

網址：http://www.logos.com.hk

承印

基業印刷廠有限公司

●

4/2006初版

Cat. No. LP620

ISBN-10: 962-457-306-9

ISBN-13: 978-962-457-306-0

Cover Photograph by Frank Hamilton. Used with permission.

Original published in English under the title

"The Heart of Henri Nouwen: His Words of Blessing" by Crossroad Publishing Company

Published by arrangement with The Crossroad Publishing Company

Printed in Hong Kong

刷次	11	10	9	8	7	6	5	4	3	2
年份	2019	2018	2017	2016	2015	2014	2013	2012	2011	2010

目錄

中文版編序

《心之所繫——觸摸盧雲的生命》是一次優美的旅程，沿著亨利．盧雲 (Henri Nouwen) 的心思，穿越生活的幽徑，進入我們的靈魂深處。本書的編者邁克爾．克理斯坦森 (Michael Christensen) 和麗貝卡．萊爾德 (Rebecca Laird) 認識盧雲多年，書中以純真美善的筆調，把盧雲的心靈經歷，對上帝和人間的愛，以獨特的領受和經驗，呈現在我們的眼前。

本書引用了不少盧雲的作品，包括基道出版社曾出版的《心應心——真摯傾情的禱告》(鄧紹光譯)、《活出有愛的生命——俗世中的靈性生活》(新加坡長老會真理堂譯)、《念——別了母親後》(莊柔玉譯)、《尋找回家路——生命和靈命的導引》(劉秀怡譯)、《鏡外——生死之間的省思》(羅燕明譯)、《安息日誌——秋之旅》(莊柔玉譯)、《安息日誌——冬之旅》(黃東英譯)、《安息日誌——春夏之旅》(祈去譯)、《亞當——神的愛子》(陳永財譯) 及《奉耶穌的名——屬靈領導新紀元》(李露明譯)。書中提及沙漠教父的故事，部分內文引自《荒漠的智慧——沙漠教父語錄觀照》(盧雲導讀，野村湯史作畫及英譯，莊柔玉中譯)。此外，書中引用的 *Here and Now* 中文版，已有台北光啟出版社的《念茲在茲——活在聖神中》(唐鴻譯，2000年初版)，譯文優美，然而由於讀者對象及翻譯用語等因素的考慮，我們決定自行把相關部分按照原書翻譯，以便與書中的風格用語統一。

讀者會發現，縱然這本書是源自不同的作品，卻展現了盧雲單純而美善的心靈，引領我們進入神所設的獨特世界中。

蔡錦圖

基道出版社

二○○六年三月

心之所繫

「你猜誰會來與我們共晉晚餐？」我一邊問內子麗貝卡 (Rebecca)，手中揮舞著亨利．盧雲 (Henri Nouwen) 發送來的傳真。早在一九九六年，我邀請他到我任教的大學主領一個師生退修會。盧雲回覆他正值寫作安息年間，住在新澤西 (New Jersey) 州朋友家處，「離我不遠」。在安息年內，他不會應邀任何的演講，但「我卻渴望跟你和麗貝卡共晉晚膳」。

亨利是我在一九七九至一九八一年間耶魯神學院 (Yale Divinity School) 的老師。我們自此一直保持聯絡。透過書信及偶然的探訪，我們在人生旅途上互勉。透過亨利 (正如其他真正認識他的人一樣，我甚少稱呼他為盧雲先生)，我接觸了感恩祭聖餐崇拜及默觀式靈修。他教導我如何透過擁抱聖物中的意象而禱告，從而尋見個中通往神聖的門。在耶魯快畢業時，他建議我——一個新教徒——去一所天主教西篤會特拉普修道派 (Trappist) 修道院小住，目的是「讓你的腦袋落到心坎裏，就在那裏站在神面前」。亨利跟我一起走過許多生命中重要的決定。他對我愛護有嘉，如到我位於三藩市 (San Francisco) 只得三十人的家庭教會講道，又對我在該城市服事露宿者及愛滋病患者的事工作出慷慨捐獻。當我迎娶麗貝卡．萊爾德 (Rebecca Laird)，他寄給我們一個拜占庭式的耶穌聖物。當他的著作《生命中的耶穌》(*Letters to Marc about Jesus*) 需要一篇導讀時，他為麗貝卡預留了這份差使。每當我有一個女兒出生時，他就寄來一個守護天使，讓我們把它掛上聖誕樹去。世界上並無其他人較盧雲更能影響我成年後的屬靈生命，他亦師、亦作家、亦屬靈師傅。而我能被他視為他一千五百位親密摯友中的其中一位，真是十分榮幸！[1]

亨利在七月十九日一個雨天到訪晚膳，一貫地手中拿著鮮花。我們到門前歡迎他，並邀請他在我們於新澤西麥迪遜 (Madison) 舍下小住一晚。我們三歲半的女兒美瑾 (Megan) 對亨利特別熱情，與他甚投緣，瞬間就坐到他膝上。六歲的雷切爾 (Rachel) 告訴他，她曾經在咖啡小桌上的一本書看過他的照片。我們在享用著新鮮三文魚、沙律、美酒與星巴克咖啡中回顧過去十五年的人生與事奉。亨利分享他現在能婉拒白宮、不同宗派及專業團體的邀請的個中原因。年近六十五，他說不想再風塵僕僕地飛去見些重要人物，反而是想陪伴摯友、更專注於禱告生命、社羣、事工和寫作。晚膳期間，我們更談及共同關注的問題及嗜好，包括學術、拉丁美洲 (Latin America) 的教會、愛滋病、俄羅斯 (Russia)、切爾諾貝利 (Chernobyl)，當然還有屬靈生命。[2]

甜品過後，我們退到地下室談些較輕鬆的話題，也看了一九九六年奧林匹克運動會開幕典禮的上半部分。亨利滿足於與我們一家人共度這個晚上，他與美瑾依偎在小小的電視螢光幕前。在播放廣告時，美瑾問了一個近期她經常提出的問題。因為她見過紐約市 (New York City) 的「大」樓，又聽説神也是一樣的神祕、「又大又小」。她問亨利：「神有多大？」亨利回答：「你的心有多大，神就有多大。」她繼續追問：「究竟即是有多大？」亨利微笑，用他那雙大手造著動作，「你的心大到可以容得下全世界。」一個出色的答案，一直在我們家中重複又重複，特別是在亨利死後。亨利充滿想像力的比喻及誇張手法的表達可以令三歲半的稚童 (及對屬靈事好奇的人) 著迷，卻難了他那些不習慣於此類情感象徵性詞句的學術同儕。

然而，他的答案「你的心有多大，神就有多大」實質上是甚麼意思呢？亨利是一個受苦極深、透視自己內心，亦能在禱告中進入神的神聖心扉、擁有先知性異象的「實務性」神祕主義者。他的靈修操練是要將全世界的人，包括他認為是仇敵的人的心，帶進自己的心中，目的是讓他憐憫別人的心能不斷地擴張，不斷地變得更包容。透過他的生命和寫作，他不斷地問那個最基本、卻最重要的問題——你的心有多大？——並且揭示怎樣擴大我們的心腔。

試想像一下亨利穿著他的白袍，那雙巧手做著動作，雙眼直望著你，為你做彌撒，從記憶中耳熟能詳地念著經文，卻永帶著清新的愛與深情：「他拿起杯來，祝謝了，遞給他們，說：你們都喝這個；因為這是我立約的血，為多人流出來，使罪得赦。這杯是用我的血所立的新約，你們每逢喝的時候，要如此行，為的是記念我。」

若要觀賞他作為一個牧者和照顧者的風範；或要傾聽他對大小羣眾的深情演說；又或是在寧謐中細讀他的著作，都需要一份只能由心領略得到的情愫與洞察力。盧雲那份能啟迪數個年代的學生、靈修書籍讀者、身體及智力殘障人士以及世界各地的忠實羣眾的魅力就是他的身教、言教和著作，那一切一切都是由心發出的。

亨利善於透過問及與心有關的問題，觸碰人最深處的屬靈渴慕：**我怕甚麼？我愛甚麼？甚麼給予我喜樂？甚麼給予我平安？**他知道心的愛恨較知性層面的感受來得深，人物、事物和關係塑造著信念，亦推動著我們做出各種行為。正如人體心臟的肌肉輸送血液到各肢體及器官使之活動，人屬靈的心亦滋養著信念和行為。在一切理性的信念與模式之前，人心已經知曉、信靠、衡量價值和尋找真理。現在翻譯成「我信」的拉丁文*credo*，原意是「將己心交付」。你將一己之心付託甚麼，遠較你口宣稱所信所作的更能反映你是誰。

「心」這個字經常在他的著作中出現。[3]自他在一九九六年逝世後，一輯名為「一切從心發出：盧雲的生命」(*Straight to the Heart: The Life of Henri Nouwen*) 的錄影帶面世。兩個學科亦開展了：一個在加拿大聖弗朗西斯澤維爾 (St. Francis Xavier University) 大學函授，名為「心之神學」(A Theology of Heart)；另一個在美國德魯大學 (Drew University) 函授，名為「心之所繫：盧雲的屬靈觀」(A Matter of the Heart: The Spirituality of Henri Nouwen)。恰巧地，筆者亦將這本亨利最佳作品的輯錄命名為《心之所繫》(*The Heart of Henri Nouwen*)。書中每一處的小結、剪輯，彷彿都能令人想起亨利那顆對聖餐契合及其祝福的感恩之心。

邁克爾．克理斯坦森 (Michael J. Christensen)

感恩之心的流動

人體的心臟是一個有四個心室的中樞性肌肉，負責接收和運送充滿養分的血液到全身。這個神奇的、只有拳頭一般大的器官能在一天內——透過重複一個四重節奏：跳動、泵送、接收、輸出——潔淨循環二千加侖的血液至少十萬次。這能幫助我們聯想亨利的心也是一個有四重心室的屬靈肌紐，恆常地向著生命的節奏跳動著；泵送賦予生命的血液到神同在的心室裏去；在祈禱中，接收世界的痛苦到充滿養分的神的同在當中；並且再輸出血液去養活和更新在基督中的其他屬靈肢體。這是一個延綿不絕的循環：跳動、泵送、接收、輸出。

亨利的心臟服事得他很好，直至一次突如其來的嚴重性心臟病發，在一九九六年九月二十一日奪了他的生命。在神恩典的安排下，這個漂泊的先知兼牧者最終死在自己的故鄉荷蘭（The Netherlands），有家人陪伴在側。然而，此書要歌頌的卻是亨利那顆屬靈的心。在差不多四十年的歲月裏，無論他是獨個兒或與他人在一起，領聖餐成為亨利每天的習慣。因此他屬靈的心根本上就是一顆感恩的心。（謹記「聖餐」〔Eucharist〕意即「感恩」〔Thanksgiving〕）。

亨利的屬靈心室與傳統基督教的四重感恩模式吻合——領受、祝福、破碎、施予。在彌撒中的感恩祈禱，餅被拿起、高舉、祝謝、擘開(破碎)，並且施予餵養憑信心領受的人。亨利的心靈體現這連串感恩禮讚，他的生命亦因而成為別人屬靈生命的餅與酒、身體與血。

本書根據**選擇**(Choose)、**祝福**(Bless)、**破碎**(Break)、**施予**(Give)四個題旨，從盧雲不同時期的作品中選輯了精選的部分，有系統並適當地把節錄文章放進四個題旨中。每個題旨都以一篇短文開始，並附如何細味下文的建議。

神看的是內心

在閱讀這本選輯前，知道亨利(他既是牧者、又是學者)在他的著作中選用「心」這個字時，其於釋經、神學及屬靈層面上所表達的意義也許對你會有幫助。

在所有的信仰傳統中，一個信徒擁有純正的信條、正確的行為以及合宜的禮儀均是重要的，這對其宗教身分及忠誠度起著決定性的作用。對於盧雲來說，**靈命**遠較任何宗教重要，而靈命與心的關係是很個人的。你的心是敞開的還是緊閉的呢？痛悔的還是頑梗的呢？如枕頭般柔軟還是剛硬如石頭呢？神所要的祭與奉獻就是一個敞開的、清潔的、憂傷和痛悔的靈(詩五十一17)。

先知以西結論及「石心變成肉心」之轉化的可能性。詩人呼求「神啊，求你為我造清潔的心，使我裏面重新有正直的靈。」靈命的成長與塑造就是人體內那顆神聖的心被喚醒、被潔淨、經過成長和發展，使人邁向社羣，服事世人。

在亨利的一課「屬靈生命導引」的標準課堂上，他用了整整一個課堂解釋「心」的涵義。

在**釋經**層面上，「心」這個字很少指心臟(或許只是在撒母耳記上二十五章37節及列王紀下九章24節提及到當心停止跳動時)。廣義而言，它用作比喻靈命。狹義而言，在聖經心理學中，心是人性核心的屬靈器官：是一個人生命與動機的內在泉源；是所有渴望、思想與選擇的最深源頭；也是情感、智力與意志的中心所在處。[4]

雖然亨利在課堂上闡釋以上三個關於心的功能，但他特別著重於內在的「心」——只屬於神的人性核心或稱之為人的靈。他所說的心就是「人類的中心位置，神進來住在那處，與我們同在，並且帶給我們信、望、愛這些神聖的禮物。」人的頭腦嘗試去明白因由、理解問題、分辨是非黑白以及探索生命之奧祕。但是，「心容讓我們進到與神的關係中，並經驗我們是神兒女的關係」。[5]在心的隱密處，我們被神親密地認識，一份神聖的打動及人的回應就在那裏發生。奧古斯丁曾說：「我們的心不能安竭，直至在神裏安息。」亨利說：「在心靈中，人與神的道相遇」，直接地、決定性地，而結果就是帶來回轉與轉化。[6]

因此在釋經和神學層面上，心都是感覺、思想和意志抉擇的中心。它代表著一個人的核心。因此最大的誡命是要盡心、盡性、盡力、盡意愛主你的神(申六5；路十27)——意即要全人地去愛。當古以色列要求一個王時，神的先知選上並膏抹了一個毫不起眼的牧童，他沒有皇室血統和得體的外表，卻有著一顆善良、正直的心。耶和華卻對撒母耳說：「不要看他的外貌和他身材高大，我不揀選他。因為，耶和華不像人看人：人是看外貌；耶和華是看內心。」(撒上十六7) [7]

接觸永恆

在屬靈或神祕主義的層面上，對於亨利來說，「我們的心——存有的核心——是神的一部分。」[8]就是在我們之內的那個神聖的地方，「神住在那處並且我們被邀請與祂同住。」[9]心不單只是一個帶著屬靈含義的身體器官，它也是「我們個人生命的中央性與整合性的器官」。[10]就是在那處「時間接觸永恆，塵世遇見天堂，道亦成了肉身。」[11]那是一個與生俱來與神的接觸點，「在那處沒有分化、沒有分心，我們同歸於一。」[12]無限的神性與有限的人性就在心靈深處聯合。

在〈信靠的心與靈命的首要條件〉這篇文章中，亨利記錄了他從法國方舟團體 (L'Arche Community) 所認識的比爾．托馬斯 (Père Thomas) 所學到的關於心的東西：「它是信靠之所在，一種可以稱之為信心、盼望、或是愛的信靠，視乎它如何表現出來。它不太是思考、反省、計劃、或是去生產以致使自己與眾不同的能力，卻是一種信靠的能力。」他繼續解釋無論在生理和心理中，我們的心早已曉得回應及聯繫環境中的事物，它的發展遠早過知性上的思考及自覺的道德抉擇。舉一個例子，初生嬰孩對母親的奶和食物的反應是絕對信任的。「就是這顆**信靠**的心使我們更人性化。」[13]

然而，作為靈命的首要條件，心如何與知性信念、宗教經驗和道德抉擇相連呢？正統的信念／敬拜禮儀 (*orthodoxy*)、信仰要求應有的感情態度 (*orthopathos*)，以及應有的行為與委身 (*orthopraxis*) 是否跟一顆純正的心 (*orthocardia*) 同樣重要？亨利深深相信每一個人「天生就與神有一種親密的聯合，祂在愛中創造了我們。在受孕的那一刻開始，我們已經屬於神。我們的心就是那份神聖的禮物，有著它，我們不單可以信任神、亦可信任我們的雙親、家人；信任自己、信任世界。」這份「原生的福氣」——一種自然的、與生俱來的與神的聯合，在「原罪」之先已經存在。因此，「很小的孩子對神有著一份深的、本能性的認識，那就是心的認識」，可悲的是，這份認識很多時被許多我們漸漸學到的思想與智力的模式所遮蔽，甚至壓制。具備很有限學習能力的智障人士，能夠容易地讓他們的心說話，這揭示了一個很多聰明的人所認為遙不可及的屬靈生命。」[14]

心作為最首要的，淩駕於智性上對制度與方法的需求，亦同時適用於人類感情的範圍。根據亨利所言：「心較我們的情感更廣更深。它是在一切悲與喜、憤怒與情欲、恐懼與愛之先，並且超越它們。它是萬物在神裏同歸於一之處，是我們真正的所屬之處，我們由那處來，亦永遠渴望歸回那處。」[15]

那麼心的屬靈生命是否超越道德上的對錯呢？「今天許多教會集中討論倫理道德問題：婚前性行為、離婚、同性戀、節育、墮胎等等」。亨利觀察所得：「然而當道德生命成為焦點時，我們就會處於一個危險，我們會忘記甚麼才是屬靈生命的首要條件——那就是心的生命。[16]或者，如十三世紀蘇非派(Sufi)詩人魯米(Rumi)寫道：

「在一切對錯之外，有一處地方。我會在那裏與你相遇。」

亨利的生命就是在那處超越之「地」與神及他人相遇，「那地有美麗、有愛、有慶賀。」

邁克爾．克理斯坦森

上帝的心

亨利說：「我被呼召進入生命的至聖所，神選擇那處成為祂的居所。」在那心靈的塌落處，在那神的同在中，我們禱告，「深淵與深淵響應」、「心與心對話」。在向神俯伏、擁抱神的心，以及在聆聽一己的心靈深處當中，人開始看見和聽見屬神的事物。亨利默觀倫布蘭(Rembrandt)畫作《浪子回頭》(*The Return of the Prodigal Son*)中父與子相擁的親密，寫道：「我要跪在天父前，將耳朵靠近祂的胸膛，去聆聽祂的心跳聲，中間沒有阻隔……惟有這樣，我才能小心翼翼地、非常溫柔地述說我聽見些甚麼。」亨利在他的人生最後數年間最能明白這個人生的天職，他稱之為「把永恆帶進塵世中」，[17]這是誠心禱告的果子，而不是任何禱告模式的結果。

在亨利的大學課堂上，他經常重複托斯(Tolstoy)有關三個退隱修士的故事，他們設法在不受宗教教育及神學影響下而從心底發出誠實和有深度的禱告：「三個俄羅斯修士住在渺無人煙的小島上。從來沒有其他人到訪，但有一天他們的主教決定去探望他們，希望給予他們一些牧養。當他抵達時，他發現那三位修士連主禱文也不懂。因此他運用所有時間和精力教導修士誦讀我們在天上的父……，跟著便離去，並且滿足於自己的牧養工作。但當他的船駛離小島返回公海後，他突然發現那三個修士在海上行走——事實上，他們正追趕著他的船！當他們趕上時，呼喊著說：「神父，我們忘記了你教我們的禱文。」主教驚訝於所見所聞，說：「但是，親愛的弟兄，那麼你們是怎樣禱告的呢？」他們回答說：「我們只是說『親愛的神，我們三人在此，而你又有三人，憐憫我們啊！』主教對他們的聖潔與單純充滿敬畏，說：『回到你們的小島吧，並且可以放心了。』」[18]

托斯的故事之重點，當然是要指出由心發出的誠心禱告，遠較使用特別字句的禱告來得更深更重要。一個未經訓練的人所發出的簡單而謙卑的禱告，遠較一個懂得適切神學術語及禱告模式的人的禱告更有果效。

在《心應心》(*Heart Speaks to Heart*)，一本講述人心裏的深層傷痛的靈修著作中，亨利表白由於他的心對神受傷的心有一份與生俱來的聯合，在其中他能傾訴他長期對羞恥、沮喪、未能滿足的需要以及別人的拒絕所作的掙扎。書中記錄了三個由衷的、向著耶穌那顆同樣受苦的「聖心」的禱告。他在序言中寫道：「因暫離黎明之家 (Daybreak) 的痛苦，不能在那裏過聖周和復活節，深深刺傷我的心。有些時候簡直不能承受。可是，當我仰望耶穌：祂洗門徒的腳又把自己的身體和血分給他們……我開始寫信給耶穌——從心至心。」[19]

在他的第一個禱告中，他認識到基督的心是一個最包容的心，歡迎所有人回家：「你的心不分富貴與貧寒、朋友與敵人、男人與女人、奴隸與自由人、罪人與聖徒。你的心滿有無限制的愛，敞開要接受任何人。」[20]

在他的第二個禱告中，他把自己的心的破碎與神的受傷和受苦相連：「啊！耶穌，我反望自己的心、自己雙手，也是一般模樣，滿都是血。我的心像個世界縮影，我就住在其中，滿是暴力和毀壞。我凝視著你被扎的肋旁、看見血從你的心流出來……治好了我破碎的心，並每時每地、每男每女破碎的心。」[21]

在他的第三個禱告中，他明白到神充滿愛、受傷的心與他和這個世界的每一顆破碎的心靈合而為一：「每當我觸摸你破碎的心，我就觸摸到你子民破碎的心；每當我觸摸你子民破碎的心，我就觸摸到你破碎的心。你破碎的心跟世間破碎的心，同是一個心……主，我就在這裏，接納我的心，讓它滿載你的愛。」[22]

亨利對人心的重視以及其與耶穌神聖之心奇妙的相連，不單建基於他對羅馬天主教的委身，也源於他對其屬靈師傅托馬斯．梅頓 (Thomas Merton) 的深度認識。

托馬斯．梅頓 (1915～1968) 認為人心是一個人的最深處——*le point vierge* (處女般的接觸點) ——「我們無有的中心點，在顯然的絕望中，人與神相遇，而在祂的憐憫中被完全地找著了。」[23]

靈裏如處女般的接觸點被認為是一個原生的、恬靜的接觸點，它在時間和空間之外，與神合而為一，它是我們真正的身分、我們真正的始和終。梅頓所理解的與及透過寫作傳遞給亨利的，是神與人類在人心裏相遇，是一份能產生屬靈洞察力以透視現實的最重要本相的意識。舉一個例子，一九五八年三月十八日，梅頓在路易斯維爾 (Louisville) 市第四區與胡桃區交界的購物區上突然驚覺自己愛那裏「如太陽耀眼般行走著」的人。這種意識只能用「如處女般的接觸點」這個不能言傳的語句去表達：「我彷似突然看見了他們的內心所隱藏的美麗；他們內心那種無論罪、欲望與自我認識都不能觸及的深度，是他們存在的核心，是上帝眼中的那個人……再說一次，都是那個語句，如處女般的接觸點 (我不能將之翻譯) 就是這個意思。我們的中心是一個無有的接觸點，罪與錯覺都不能碰它一下，是一個與純潔無瑕真理的接觸點，一個完完全全屬於神的接觸點、一個閃爍……這個小小的接觸點……就是神在我們裏面純潔的榮耀。它彷似一顆純淨的鑽石，帶來天堂眼不可見的光輝閃耀著。它在每一個人的裏頭。」[24]

梅頓認為我們與神的接觸聯繫到所有神的子民那一顆顆能洞察他人和被鑽進的心靈中。透過梅頓，亨利經驗到和明白到心在默觀式禱告的重要位置，以及心指向的道路就是與神的聯合。

在東方基督教裏心所指向的道路

亨利運用「心」這個字的屬靈意思可以從他浸淫於東正教 (Orthodox) 神學與俄羅斯靜坐派 (Hesychast) 傳統的背景中去理解。[25]他深受沙漠教父教母之薰陶，從第三、四世紀這些修士的語錄中學習。他們的故事被引用在亨利《心的道路》(*The Way of the Heart*) 一書和《荒漠的智慧：沙漠教父語錄觀照》(*Desert Wisdom: Saying from the Desert Fathers*) 的引言中，闡明如何用單純和熱情去禱告，藉以燃亮心中的靈火。舉一個例子，當羅得教父前往約瑟教父那裏，問及他除了禱告、禁食、安靜、默想以及保持思想純淨之外，還有甚麼是他應該做的，那位老先生站起來，對天張開雙手，忽然化成十根火炬。他說：「若你喜歡，你可全化成熊熊的一團。」[26]

亨利從埃及隱修士馬卡里烏斯 (Macarius) 學到「運動員 (指的是修士) 的主要功課是進到他的內心」，並且去發掘神的深度：「心靈中有著不能測度的深度。在那裏有接待的房間、寢室；有很多門及門廊，並有很多辦公室及通道……心是基督的宮殿：作王的基督在那裏作息，與眾天使與聖人的靈同住，在那裏行走，也安置天國在那裏。」[27]

亨利從十九世紀俄羅斯奧祕神學家西奧芬 (Theophan the Recluse) 學到禱告是「讓你的頭腦落到心坎裏，而就在那裏站在神面前，有著永恆的感覺，像完全看見一樣，在你裏頭。」[28]這種神祕主義式的禱告超越一切自我意識的藩籬而進入到奧祕中的默想、默觀與極美的境界。主教卡利托維爾(Kalistos Ware)解釋這種境地的恩典「是一種被一個屬靈的個體在頭腦與整個視野上的完全俘擄，這個俘擄十分強大，以致所有外在的東西都被遺忘，在意識中完全被消滅。」這個讓頭腦落到心坎裏、在神面前站立好的操練「也許夾雜著字句，又也許『無聲』：有時我們向神說話，有時我們只是單純地在祂的同在中，不發一言，但卻意識到祂的接近。」無論在寂靜中聆聽或是進行著微聲的對話，「這個『讓頭腦落到心坎裏』」的概念成為東正教祈禱教義的最基要原則。[29]

亨利亦曾閱讀俄羅斯經典故事《朝聖者之路》(*The Way of a Pilgrim*)。他從斯塔斯(*staretz*；意即俄羅斯隱居修道士)學到一種「不住的禱告」的方法(帖前五17)，因而能不休止地意識到神的靈在我們裏頭。這個操練稱為「心的禱告」或「耶穌禱文」，操練時按著自己心跳的節奏不斷重複著「主耶穌，開恩憐憫我。」[30]

亨利受了敍利亞公教會艾薩克(Isaac the Syrian)的激發，進入心中的「寶藏房間」，為了找到進入祂的國的鑰匙。艾薩克寫道：「爬上天國的階梯深藏於你的靈魂之內。」我們首先落到心靈深處，找到基督的靈在那裏安竭。接著，與基督一起，我們沿著這條階梯向上爬——一級接著一級，愈來愈高——直至我們與基督及萬物合而為一。[31]

在《心的道路》一書中，亨利闡釋「不住的禱告」這個經典的操練。它容讓頭腦落到心坎裏去，尋找在上帝裏的平安與安息。他從沙漠文獻中所得的反思，透過阿爾塞尼(Arsenius)——四世紀一個從古羅馬元老院議員變為沙漠隱士的故事表達出來。亨利寫道：「當阿爾塞尼仍然住在皇宮的時候，他向神禱告：『主，領我往救恩之路去。』有一聲音對他說：『阿爾塞尼，脫離這個世界……要安靜，常常禱告。』」這三個心靈的活動——獨處、安靜默想、不住禱告——表徵著沙漠靈修的精髓，而這個傳統智慧之泉亦塑造了盧雲的心。

亨利身體力行這些靈修操練，他認識到自己就是「神的愛子」。[32]他依循著傳統靈命發展的階段——回轉、被光照、被赦罪和與神聯合——加上屬靈導師的指引，他由被啟迪的階段進到體現如何更像耶穌。逐漸地，他能夠進入神的心和基督的思想去，從而從一個屬靈的角度去看事物。亨利讚賞他的師傅托馬斯．梅頓，認為一個在靜默中由心向神禱告的人「會在人生旅途中許多意念、會議、書籍、人和事中察覺神的同在。」[33]

我們也盼望你能在這些字裏行間發現神的同在。亨利那顆屬靈的心仍然透過寫作，向著那些願意向愛的源頭敞開的一顆顆溫柔和破碎的心靈釋放著生命。

邁克爾．克理斯坦森

選擇

Choose

我們如何在充滿排斥的環境中抓緊我們蒙揀選的身分？我已說過，這涉及真正的屬靈掙扎。在這樣的掙扎中是否有準則可依？讓我嘗試理出一些。

《活出有愛的生命》，頁 20

亨利有一個最深的信念，他認為自己(以及每一個人)都在創世之先被神揀選成為祂的兒女，並且被稱為「你是我的愛子，我喜悅你」(路三22)。他最引以為喜樂的以及最大的恩賜，就是提醒自己和他人他們真正的身分和呼召。他經常掛在口邊：「我親愛的朋友，我要告訴你們，我們在出生之前，我們已經得著一份『最首先之愛』了。」[34]

亨利亦相信屬靈生命並不是單單給予的，而是一份禮物，我們必須選擇去接受它，並且在神充滿愛的亮光中生活。我們有自由去選擇，有能力去改變對事物的看法。我們能夠選擇每天祈禱、自由地去服事以及在屬靈團體中與人友好。

亨利說：「要勇敢地相信你在出世之前已經被愛」，這是他的經驗之談，而非出於熱忱。

亨利．盧雲(Henri Josef Machiel Nouwen)於一九三二年一月二十三日在荷蘭的尼德蘭(Nijkerk)出生，他的母親飽經三晝夜的劇烈陣痛把他生下來。很多人在這漫長的等候中祈禱，他們恐怕媽媽與她的首名兒子皆性命不保。最終母子平安，而他們二人因為對宗教的委身與對美學的敏感有同樣的深度而變得親近。瑪利亞．盧雲 (Maria Nouwen-Ramselaar) 是一位出色的閱讀者，對文學、語言及神祕主義都有興趣。在一九七八年她因癌病過身後，亨利把她的生命與死亡寫在《念》(*In Memoriam*) 一書中。他回憶道：「我看著她……在火車站的月台上向我揮手的情景：她默默看著一廂廂的卡車在隆隆聲中擦身而過；我則看著她的身影變得愈來愈小，逐漸淡出眼簾。經常是這樣的，微笑中含著淚珠，歡欣中夾著悒鬱。自出娘胎那一天開始，她的眼淚就已跟歡笑融為一體，一直都是這樣的。」

在她死後，亨利將《念》的稿件寄給父親，但收不到任何回覆、感謝或肯定。這使他萬分痛苦。亨利的父親勞倫特 (Laurent) 是一位在奈梅亨大學 (University of Nijmegen) 任教稅務法的教授。他雄心萬丈、滿有成就，但卻不輕易讚賞或肯定別人。父親對兒子寫的書沒有回應，對於其他人來說可以一笑置之，但對於像亨利般高度敏感及需要被肯定的人來說，卻是一個重創。

由早期童年開始，亨利已經問他的父母：「你們是否真的愛我？」他迫切地需要給肯定，家人和朋友是愛他的，以及終極地被神愛著。[35]他深知媽媽深愛著他，但在晚年時亨利的母親向他道歉，因為她曾經為了要破除孩童的強烈意願，而嚴守一套要強制孩子食物及身體觸摸的育兒理論。亨利記得在孩童時自己常常挨餓和需要他人的肯定。他的父親，一個在各方面都很好的荷蘭裔父親，期望兒子成功並能當領袖，而亨利做到了。他在耶魯大學取得終身教席，並在哈佛大學神學院當教授。他寫了四十多本關於屬靈生命的著作，銷路長期高企，而這些作品，他是用英語——他的第二語言寫成的。

亨利與他的父親都要去到人生晚期才開始明白，彼此都是一個追求著不能給予他們終極滿足的事物的人。亨利六十四歲時逝世，他九十四歲的父親寫道：「我對亨利的成就引以為傲。他由荷蘭去美國的時候，他一無所有：沒有金錢、沒有朋友、甚麼也沒有。當他有錢的時候，他都給了別人。他是一個很忠心的兒子，但也十分人性化。我十分想念他。他總是不停地寫作、探訪。他有著很多母親的影子，很熱心、不停地工作。」

然而，亨利在學術上的成就並不能為他帶來歸屬感。他由一所學校轉去另一所學校，在耶魯留了十年，接著去了南美，跟著又回到哈佛逗留了三年，之後離開了學術圈子，去了位於安大略(Ontario)省烈治文(Richmond Hill)市的黎明之家，一個給予智障人士一個家的團體。縱使他經常出門，但黎明之家卻成為他在晚年時的一個家——心靈的家。在黎明之家裏，亨利由一個委身於耶穌的荷蘭裔牧者及學術界活躍分子，成熟地轉變成一個普世性、跨宗教的團體的牧者，他在那裏發現在生命最軟弱及被奧祕籠罩之時，最能找到神。

對於一個如斯不安、脆弱及有深度的人來説，他的生命本身就是一則回家的寓言——回到自己真正的身分。他自身也需要經常做他勉勵別人做的事：「宣認神的愛，那種愛能超越一切的論斷批判。」亨利在《浪子回頭》一書中，提及他在屬靈上回家的體驗。亨利受到倫布蘭名畫《浪子回頭》的啟發，去了位於聖彼得堡（St. Petersburg）列寧格勒（Leningrad）的愛爾米塔什（Hermitage）博物館觀賞其真迹。他在巨大的油畫前坐了數天，不斷地思索。當他望著油畫時，他意識到一種屬靈的邀約，邀請他去投入畫中的世界。他看見那個充滿憐憫的父親把那個鳥倦知還的兒子擁近心房，他知道真正的家只能在那神聖的擁抱中找到。在那處，一個浪蕩漂泊的靈魂能夠聽見從永恆之愛擁出來的心跳聲，它在指引著你。

亨利寫道：「屬靈生命是一個恆常性的選擇。其中一個更重要的選擇是：揀選跟哪些人發展親密的關係。」他發現在志願團體中最能對自己是被愛這個事實，作出勇敢的選擇和宣認。他在黎明之家度過了人生最後的歲月，那是艱辛的醫治過程。在那裏，他發現那是時候要改變他對自我的了解。他不再是那個漂泊的浪子，亦不是那個充滿苦澀的長兄：取而代之，他最後的召命是要成為那個敞開雙手的父親：一個會為那些漂泊並尋家良久的人，送上一顆款待的心和寬大的擁抱。以下一些來自亨利的著作的輯錄，強調我們可以選擇如何看自己和他人的能力。

第一部分包括三個小分類。首個小分類名為「確認真理」，重複地肯定你是蒙神揀選的、蒙祂所愛的，以及能在生命中將那份愛反映出來。第二個小分類名為「尋找所屬社羣」，探討友情、親情及在志願團體中的友愛，如何教曉我們彼此間是多麼的需要對方這個事實。第三個小分類名為「感恩」，強調我們常常都要在感恩與冷漠、喜樂與悲傷中作出選擇。

這些輯錄是讓你慢慢咀嚼的。若你能挑選一些來看，並停下來思想它們，就最好不過了。倘若情況許可，嘗試把文章誦讀出來，讓一字一句在空氣中深深地回蕩。

麗貝卡．萊爾德

＊ ＊ ＊

確認真理

首先，你要不斷除掉世界加諸於你的假面具：操縱、支配、權力狂都是屬於世界的，最終只會帶來毀滅。世界對你說了許多謊話，告訴你你是誰，你要很踏實地提醒自己不要受騙。每當你覺得受傷害、被冒犯或排擠，你要勇敢地對自己說：「這種感覺即使很強烈，但並不代表真的我。事實上我是神所揀選的兒女，即使我此時此刻尚未感受到。我在神眼中是珍貴的，祂愛我直到永遠，讓我在那長存的懷抱裏得享平安。」

《活出有愛的生命》，頁20

◎你是我所愛的

有一把聲音，那不可思議的聲音說：「你是我的愛子，我喜悅你。」那聲音在約旦河響起，耶穌聽見，並相信自己是神的愛子，蒙神喜悅。耶穌是蒙愛的，甚至能在魔鬼前活出祂蒙愛的生命。邪靈對祂說：「證明你是蒙愛的吧，去把石頭變為餅，你就是蒙愛的。證明你是蒙愛的吧，去幹點矚目的事，自聖殿躍下，叫神的天使把你救起。你必成為新聞和電視的主角，到時所有人都能看見你是如何了不起！證明你是蒙愛的吧，去得著權勢和影響力，讓你能控制環境。」但耶穌回答說：「我無須證實甚麼。我**是**蒙愛的，因為我在約旦河聽見那聲音。我知道我是蒙愛的。我曾聽見這些說話：『你是我的愛子，你是我的愛子。』」耶穌相信這話，也知道自己是誰。祂一生都本著自己是神的愛子而活，心中充滿神的愛。耶穌安然離世，因祂知道自己將要到神那裏，不久祂必會差遣愛的聖靈到祂的朋友中間。「我去是與你們有益的，」祂說：「我若不去，就不能差我的靈來，祂必帶領你們進到完全的合一、完全的真理、並完全的婚約中。」祂知道所愛的使徒有聖靈同在，必能活得更好、更快樂。

這異象不單關乎耶穌，也關乎你和我。耶穌前來與你分享祂的身分，還告訴你你是蒙神所愛的兒女。請用片刻嘗試進入神莫大的奧祕中，這奧祕就是：你跟耶穌一樣都是神所愛的兒子，或是神所愛的女兒，這是真理。再說，在你未出生之先神已愛你。在你的父母、兄弟姊妹或教會愛你或傷害你以先，神已愛你。神愛你因為你在永恆裏就已屬祂。

在你未出生以先神已經愛你，到你死後神也必愛你。神在聖經中曾說：「我以永遠的愛愛你。」這是你身分根本的真相。不論你是否感受到，這就是你的身分。你從永遠到永遠都屬於神。人生只是給你在數年間一個小小的機會，讓你去說聲：「我也愛你。」

《尋找回家路》，頁96～98

◎特別的生命

如果你敢於相信在你未出生以先已蒙愛，就會猛然發現你的生命是非常、非常的特別。你會意識到自己只是被差派到世上度過一段很短的時間，或許是二十年、四十年、八十年，為要讓你發現和相信你是蒙神所愛的孩子，故此，時間的長短並不要緊。你被差到世界為要叫你相信自己是蒙神揀選的人，然後幫助你的弟兄姊妹知道他們也是蒙神所愛的兒女，而且你們是彼此相屬的。你被差到世上要作復和的人。你被差去醫治人，並拆毀你和鄰舍之間、本地之間、全國之間、甚至全球之間的圍牆。在一切基於恐懼而來的區別、分隔和圍牆出現以先，合一早已是神的心意。出於這合一，你被差到世上逗留片刻，宣稱你和其他所有人都屬於同一位有愛、從永遠活到永遠的神。

《尋找回家路》，頁98

◎你屬於我

數年前我被車撞倒，結果進了醫院。我躺在輪牀上感到很不舒服，但見身體表面沒有大傷，就以為可以回家去。當醫生為我檢查後，他很友善卻也很清楚地告訴我：「你有嚴重的內出血，也許時日無多。我們會為你動手術，但未必會成功。」

忽然間一切都改變了。死亡正正與我共處一室。那時我意識到自己也許將死了。我覺得很震驚，很多念頭在腦海中翻騰，直到我有更深的經歷。我從未有過這樣的感受；在迷惘和震驚中，我竟然可以冷靜，感到安寧，而且感到自己被神擁抱，神再次向我保證，並柔和地告訴我：「不要怕，你很安全。我要帶你回家。你屬於我，我也屬於你。」

我出奇地平安；當晚手術完成後，我在深切治療病房醒過來，卻感到非常沮喪。我問自己：「我在這裏做甚麼？為何我仍然活著？」我不斷思索以往發生在我身上的事情。慢慢地，我明白這也許是我有生以來頭一趟不是以驚恐的眼光，而是以愛的眼光去思想死亡。不知怎地，就在那一瞬間，我認識了神，感到神無條件地愛我，而我也經歷到自己成了有愛的人。

《尋找回家路》，頁91～92

◎他人被選上

你若在這個世界上被揀選，你曉得有些人沒有被選上。當你是最優秀的時候，你知道有人不是。你贏得獎項的同時，準知道有人失敗了。但神的心腸並不是這樣的。如果神在心目中揀選了你，你也會看見其他人被選上。如果神的愛祝福你，你必會看見其他人也得著祝福。神奇妙之愛的奧祕在於：你帶著愛來到世界，無論你知道與否，它已祝福你。神擁抱全人類，你的生命也在祂的懷抱中。所以你若以信心的眼睛去看，會發現你屬於神的家，你是兒子，或女兒；你是兄弟，或姊妹，而在最深遠的屬靈路上，你是父親或母親。你這微小的生命把所有人連在一起。

《尋找回家路》，頁98～99

◎選擇喜樂

喜樂是靈命的要素。無論我們思想或述說神的任何東西時，若不心存喜樂，都不會結出果子來。耶穌向我們彰顯了神的愛，因此祂的喜樂能成為我們的喜樂，我們的喜樂亦因而能夠圓滿。喜樂就是知道我們被神無條件地愛著，並且知道——無論疾病、失敗、愁苦、受壓迫、戰爭，甚至死亡都不能奪走這份愛。

喜樂跟快樂是不同的。我們可以對許多事感到不快樂，但喜樂卻是長存的，因它來自我們對神對我們的愛的一份確認。我們傾向認為，人在哀傷時是體會不到喜樂的。但對於人生以神為中心的人來說是可以並存的。這點很難明白，但我們回想生命中一些最深的經驗時，例如：目睹一個嬰兒的誕生或是一位朋友的死亡，彷彿喜樂與憂傷都同出一轍。許多時候，我們在哀傷中找到喜樂。我記得在我一生中最痛苦的某些時刻，往往也是我感覺到神比我大很多很多的時候。神在痛苦時給了我希望。因此，我可以說出這一句：「憂傷是我找到喜樂的地方。」

然而，在靈命中沒有白白得來的東西。我們要去選擇喜樂，並且持之以恆。我們選擇，因為我們知道自己是屬於神的，而在神裏找到依靠和安全感，並且世上沒有任何事情，哪怕是死亡，能把祂從我們之內奪走。

Here and Now, pp. 26～27

◎細心留意愛的記號

喜樂與盼望彼此間有一種極為親密的關係。樂觀主義叫我們活在相信未來的境遇不久會變好的憧憬裏，盼望卻把我們對將來的籌算中釋放出來，容許我們活在當下，深信神並不會離棄我們，並且會滿足我們心中的最深的需要。

從這個角度看，喜樂就是盼望的果實了。當我深信神此時真的與我同在，並且將我們擁入懷中，指引著我們的每一步，這樣我就能放開對明日、下個月和下一年會發生甚麼事而焦慮，因此我能坦然地面對當下，細心留意四周和自己心中許多神的愛的記號……。

我記得有一回，和一位朋友沿著海灘散步，我們非常緊張地討論彼此間的關係，努力地想讓對方明白自己，也努力去了解對方的感受。我們太費心在如何能彼此溝通的掙扎中，以致完全忽略了在距離遼闊而寧靜的海灘不遠處，夕陽正散發著多彩的光輝，落在滿有泡沫的浪花上。

突然間，我的朋友驚呼起來：「看看……看那夕陽……，快看啊！」他把手臂圍著我的肩膊，我們一同凝望那一團閃爍耀眼的火球，緩慢落到寬廣的海面下。

在那一刻，我和我的朋友都知道，甚麼叫做盼望和喜樂了。

Here and Now, pp. 33～34

◎宣認神的愛

我們能否釋放自己，不去論斷他人嗎？能夠，只要我們宣認自己是神所愛的兒女，我們就能夠這樣。如果我們總是以自己所從事的職業、所擁有的東西，和別人的眼光來決定自己是誰時，心裏總是會充斥著論斷、意見評估和譴責。我們會如上癮般不斷地去「修正」所有的人和事。我們身分並不植根於成功的事業、權勢和受人喜愛的程度，而是植根於神無限的愛，我們擁抱這個真理的程度，能決定我們對論斷的放手的程度。

「你們不要論斷人，免得你們被論斷。因為你們怎樣論斷人，也必怎樣被論斷。」(太七1) 這段話以及福音書內其他經文，反映出神的審判不是基於一套計算功績多寡的方程式，而是我們對神的愛缺乏了信靠。倘若我們以自己事業上的成功、受人歡迎的程度和權勢來衡量自己，那麼我們就需要靠判斷和被判斷而活，進而成為被世界支配的受害者。捨棄生命不僅是我們和旁人互相判斷的終結，也意味著我們向自己死。因為我們的存在，只是旋繞於判斷旁人和被人判斷之間。除此之外，沒有其他的了。

惟有當我們相信神的愛那種超越一切論斷的愛，我們才能夠不再怕別人的論斷。而我們也惟有在論斷別人中釋放出來，我們才能不去論斷他人。

我們不再需要去論斷別人，與怕被別人論斷不能並存；而經驗神不存論斷的愛，也不能並存於對別人論斷的需要。這就是耶穌所說的：「你們不要論斷人，免得你們被論斷」的意義。這種聯繫跟愛神與愛人之間的聯繫是相同的，兩者不能分開。然而，這種聯繫不是頭腦能想得通的邏輯性聯繫，而是一個在祈禱中最基本的心的聯繫。

Here and Now, pp. 61～63

◎你愛我嗎？

「神是愛」這句話雖然簡單，但倘若我們真的能夠基於這句話的深刻涵意而活，從這一分鐘開始，我們的人生將不再一樣。神創造了我，祂是愛，也是惟一的愛，在任何人愛我之前，祂就愛我了。

幼年時，我常問我的父母：「你愛我嗎？」我不斷地問這個問題，使我的父母不勝其煩。雖然他們數百次向我保證他們愛我，可是我卻從不完全滿足，而繼續不斷地問他們同樣的問題。現在，多年過去了，我終於意識到，我想要的答覆並非他們所能給予我的。我想他們給我永遠的愛。我想，這就是癥結所在，因為我的問題「你愛我嗎？」經常是和另一個問題「我會死嗎？」一起問的。我一定在那個時候感到，如果我的父母可以全心、無限、無條件地愛我的話，我就永遠不會死了。因此，我不斷地把這個問題問我的父母，暗暗期望，我會是在眾人皆死的定律中例外的一個。

我們花了不少的精力去問：「你愛我嗎？」。年紀漸長，我們學會了問得比較隱晦和巧妙。我們會問：「你相信我嗎？關心我嗎？珍惜我嗎？對我忠誠嗎？會支持我嗎？會幫我講好話嗎？諸如此類。」我們許多的痛苦，都來自得不到被好好地愛著。

靈修生活的一大挑戰，就是去發現，我們從父母、丈夫、妻子、孩子、老師、同事和朋友身上所得的有限的、條件性的、短暫的愛，都是神那無限的、無條件和永恆的愛的反映。只要我們在信仰上能有這個跳躍，就會知道，死亡不再是終結，而是通往神的愛的門檻。

Here and Now, pp. 77～78

◎從宿命論到信心

我們常受宿命論的影響。當我們說：「唉，我就是沒有忍耐，我看是改不了的！」這樣說就是宿命論。當我們說：「那人從來沒有得過父母的愛，怪不得他最後坐牢了」，這也是宿命論。又當我們說：「她從小就遭受恐怖的虐待，你怎麼能指望她會和任何男性有正常的關係呢？」我們容許宿命論籠罩我們。還有，當我們說：「國際之間的戰爭、大饑荒、愛滋病的蔓延和全世界的經濟不景氣，一切都證明了沒盼望可言」，我們成為了宿命論的受害者。

宿命論是一種令我們由於無法改變外在境況而無奈地活著的態度。

與宿命論相反的是信心。信心是深信神強過世間所有力量，能將我們由黑暗的受害者轉變成在光明中的僕人。

耶穌從一個患癲癇病的孩子身上逐出魔鬼之後，「門徒暗暗的到耶穌跟前，說：『我們為甚麼不能趕出那鬼呢？』耶穌說：『是因你們的信心小。我實在告訴你們，你們若有信心，像一粒芥菜種，就是對這座山說：「你從這邊挪到那邊」，他也必挪去；並且你們沒有一件不能作的事了。』」(太十七19～20)

我們應該把思想和言行中的宿命成分找出來，然後再以信心的力量，逐步改變它們。這份從宿命論到信心的行動，把我們心中冰凍的黑暗驅散。在愛的大能中，轉化我們成為擁有信心能移山之人。

Here and Now, pp. 79～80

◎顯露神的信實

所有忠誠的人際關係，都只能在神的愛和見證神的愛中找到。神的愛最重要的素質之一，就是信實。神是信實的，祂會成就應許，永不會讓我們失望。神向亞伯拉罕與撒拉、以撒與利百加、雅各與拉結，顯出祂的信實。祂向摩西與亞倫，以及出埃及到應許之地的人民，顯出祂的信實。然而，神的信實不只於此。神不只想做一個**幫助**我們的神，祂想與我們**同在**。耶穌的降生——以馬內利——證明了這一點，祂與我們同行，和我們談話，並且和我們一樣的經歷死亡。神派遣耶穌給我們，想要證明祂對我們堅定不移的愛。不止這樣。耶穌臨終時曾對我們說：「我不會撇下你們，我要派遣聖靈給你們。」聖靈就是住在我們**之內**的神，在此，神的信實向我們表露無遺了。透過耶穌，我們能過一個像神的生命。聖靈是神的氣息，祂是耶穌與父神之間的親密，是神聖的交通，是神的愛在我們之內跳動。

這份神對我們的信實，是我們見證神的愛的核心。我們可以透過言語，但最重要是透過生命去向他人見證神的信實。世界對忠誠並不感興趣，因為忠誠不會使我們得到成功、人緣和權勢。但當耶穌呼召我們要彼此相愛，像祂愛我們一樣時，祂是要我們要以忠誠待人，並非為了世界中的現實因素，而是因為我們認識神那份永不止息的愛。

忠誠共處，並不是要我們在完全不能相處的情況下，還勉強維持著關係。這不能反映神的愛。忠誠是要我們盡最大的努力，在生活為神的信實做見證，這份關顧，遠超過一切義務和責任。

Here and Now, pp. 128～129

◎宣認你是被愛的

靈命需要不斷地肯定自己真正的身分。我們真正的身分是神的兒女，是天父所愛的兒女。耶穌的生命闡明了這個奧祕。當耶穌在約旦河受約翰施洗之後，剛從水裏上來，忽然看見天裂開了，聖靈有如鴿子降在祂上面；又有聲音從天上說：「你是我的愛子，我喜悅你。」(可一10～11)這是耶穌人生當中最具決定性的一刻。祂的真正身分被宣認了。祂是蒙神所愛的。祂以這「蒙神所愛」的身分，被派遣到這世界，因而透過祂，所有人都能發現和肯定自己是蒙神所愛的。

可是，那降在耶穌身上，並且肯定祂神的愛子之身分的聖靈，也催促祂到曠野裏，受撒但的試探。撒但要耶穌把石頭變成餅，要祂自聖殿上跳下，被天使托住，並要祂掌管世上王國，享受一切榮華，目的是要證明祂蒙神所愛。但是，耶穌透過強烈宣認自己的身分，而抵禦了這些對成功、受愛戴及權勢的誘惑。耶穌不需要向這個世界證明祂是值得被愛的，祂已經是「被愛的」了，而這「被愛」的身分，讓祂不受塵世虛榮的操縱，永遠對那在約旦河向祂說話的聲音忠誠。耶穌的一生是順服的一生、是聆聽的一生，專注聽從稱祂為「我所愛的」那一位。耶穌所說的或所做的，都是出於祂與神親密的交往。耶穌邀請我們這羣有罪的、軟弱的人和祂一樣，進入與神的交往中，我們和祂一樣是神所愛的兒女，我們到這世界上來，就是要宣講所有人都和耶穌一樣蒙神所愛，而且最後也會和祂一樣，脫離死亡的桎梏。

Here and Now, pp. 134～135

◎接受神的時間

每當我們宣認自己是蒙神所愛時，我們的生命就變得更廣更深。因著被神所愛著，我們的生命也超越了生死的界限。我們並不只是在生時才得到神的愛，而神也不是在我們死時終止愛我們。神對我們的愛，是永恆的。神對我們說：「我用永遠的愛愛著你。」這份愛，在我們的父母愛我們之前已存在，並且在我們的朋友愛我們之後，還一樣地繼續。這份愛是神聖的、不會止息的、永恆的。

正因為我們真正的身分扎根於這份無條件、無盡和永恆的愛中，我們便不需再做歲月催人的受害者了。我們在世的年日，可用年、月、星期、日、小時、分、秒來量度。這些「鐘錶」時間，在希臘文中是*chronos*，意即「上癮」，尤其是當我們將所有在意的都聯繫到鐘錶的滴答聲中，無論清醒還是睡著。

我總是很在意鐘錶的時間。我經常問自己：「我可否多於一輩子？」我在三十歲的時候說過：「我能輕易地再活多三十個年頭！」四十歲時我打趣地說：「或許我才過了半生吧！」今天的我可再也不能這麼說了，我的問題變成：「我該如何好好利用餘下的數年？」這一切有關鐘錶時間的顧慮，都是來自塵世的。因為我們相信，自己的生命可以用鐘錶來衡量。然而，從神的角度看，我們在塵世的歲月卻是植根於神在那時間之外的擁抱中。我們的一生不只是「鐘錶」的時間，而是*kairos*——另一個代表時間的希臘文——那是一個宣認神給我們那份始於永恆、亦終於永恆的愛。於是，我們短暫的一生，不再戀戀於有限的歲月，而是能盡心、盡性、盡意去回應神的愛，成為神聖交通的一分子。

Here and Now, pp. 137～139

◎愛的機會

在西篤會修道院靜修的一段長長日子，打斷了繁忙的講學生涯；家母的遽然辭世，打斷了我與家人最深厚的聯繫；拉丁美洲貧苦的衝擊，打擾了北美頗為舒適的生活；一個去與弱智人士共同生活的呼召，就中止了學術生涯；一段深厚友情的破裂，也中止了感情上安全感的增長——種種事故叫我捫心自問：「神在何方？誰是我的神呢？」

這種種干擾反而變成種種機會，讓我能夠超越日常生活格式，尋找到更深入的聯繫，它比較先前所擁有的身心靈三方面的幸福保障更深入。每一次干擾都讓我以新的方式，去看自己在神面前的身分；每一次干擾都從我身上取去些甚麼；每一次干擾也向我提供了一些新事物。淩駕於教學成就的，是獨處中的內在平安與羣體生活；超乎家母與我的聯繫的，是神的母性的同在；遠在北美舒適生活之上的，是神在玻利維亞和祕魯兩處地方的兒女的笑臉；尤勝過教學事業的，就是在心靈與肉體皆破碎了的人之中，觸摸神的這份天職；比一段滋潤人心的友情更優異的，就是我全心全意的與神親密交流。簡而言之，淩駕於眾多塑造優質生活的「社交安排」之上的，是種種與神相處的機會，祂是亞伯拉罕與撒拉、以撒與利百加、雅各、利亞與拉結的神，耶穌的天父，祂的名字是愛。

《鏡外》，頁2～3

◎我是上帝之子

如今我認識到，天父在耶穌受洗時說的話，也是向我和耶穌所有的弟妹說的。我有自我排斥和自貶的傾向，這令我不易真正聽到這些話，和讓這些話沉潛於心靈的中心。但是，我一旦全然接受了這些話之後，我就從強制中得釋放，不再需要向世界為自己證明甚麼，並且可以活在世上卻不屬乎世界。我一旦接受了自己是神所愛的，且是神無條件地愛著的孩子這個道理之後，我就可以受差遣進入世界，像耶穌一樣說話行事了。

我所面臨的一件巨大的屬靈任務，就是要完全相信自己是屬於神的，以致到了一個地步，我在世上可以得著自由——縱使沒有人要聽我的話語，我仍可以自由地說話；縱使我的行為備受批評、嘲笑及被當作無效，我仍可以自由地行事；我也可以自由地接受別人的愛，以及為著世上一切神臨在的迹象而感恩。我確信，當我全然相信神已經以超出世人界限的愛來愛我時，我將會真正能夠愛這個世界。

《鏡外》，頁42～43

◎惟有上帝知道我們真實的面貌

今晚的重頭戲是德國對捷克的足球賽。爸爸和我提前吃飯，趕及坐在電視前觀賞賽事。

捷克的門將令我永誌難忘。他的表現好得出奇，屢救險球，令德國久攻不下。他機警過人、有勇有謀、意志堅定，成了我眼中的英雄。可是到了加時，比數一比一，他卻接不穩德國球員射的球，結果是他把歐洲國家盃拱手相讓給德國隊，從英女皇手中接過獎杯的，是德國隊而非捷克隊。別人不會當他是英雄，只會記住他令捷克落敗。德國隊員在場中手舞足蹈，摟在一起，喜極而泣，並舉起勝利手勢，與此同時，那天才門將卻挨著門柱呆坐，把頭埋在膝間。沒人理他，他是失敗者。

那被打敗的門將的形像深深打動我。只因他犯了一次錯誤，令捷克失去垂涎已久的歐洲國家盃，無人再會記得他出色的表現。我經常想到這種「最終錯誤」。經過漫長的果實纍纍的一生，一件不快的事、一項錯誤、一次犯罪、一個失敗就夠你身敗名裂。別人會記得甚麼呢？是我們許多友善、慷慨、勇敢、仁愛的善行嗎？「對，他是世間少有，但他失敗了。」「對，她為人聖潔，她卻犯了罪。」「對，他們真好，可是最後也令我們失望。」

有時我幻想自己晚節不保！如果「聖人」長命些，最後抓不住皮球，那會怎樣呢？這微小的錯失會使他們的聖潔化為烏有嗎？想著這些令我心寒。真是世態炎涼。神知道我們的本質，好好愛我們，完全赦免我們，記著我們的真實的面貌，也惟有神能如此。

《安息日誌——春夏之旅》，頁177～178

* * *

尋找所屬社羣

第二，你一定要不斷地尋求傳講真理的人羣和地方，使自己得到提醒，以記得你蒙揀選的堅定身分。

《活出有愛的生命》，頁20

◎為友情冒險

我十分需要友誼，需要的程度超乎「尋常」。每當我想起人生的悲與喜、苦與樂時，成就、金錢、職業、國家、教會似乎都不在我的思念中，腦海中浮現的盡是真摯的友情。我跟內森 (Nathan) 和蘇 (Sue Mosteller) 的友誼清楚地證實了這一點。那些與他們二人有關的狂喜與創痛，正是我在黎明之家度過的九年光陰的標記。

在紛繁的友誼中，我感到既被拒絕，又受支持；既遭遺棄，又被擁抱；既被憎恨，又受愛護。一切紛擾過後，我發現友誼是一項真正的操練。沒有甚麼東西可看作是理所當然的；沒有甚麼事情是自動發生的；沒有甚麼結果是毋需耗費心力而自然產生的。友誼除了有賴信任、耐性、體貼、勇敢、悔悟、寬恕、稱許等情操的澆灌外，最重要的，是對朋友的忠誠。叫我感到奧妙莫名的，是我很容易會以為一切已經完蛋了，內森和蘇已經出賣或丟棄我了；而嫉妒、憤恨、惱怒、憂愁的情緒很容易籠罩我。不過，叫我倍感奧妙莫名的，是我們仍然是朋友，不錯，還是最好的朋友。當然，這是我們三人艱辛努力的成果……。

就這方面來說，我在禱告和友誼上的掙扎頗為相像。我的禱告與友誼同樣需要淨化，要變得少依附於稍縱即逝的情感，而多植根於歷時不衰的承擔感。寫出這一點，我好像蠻有智慧的！其實我早已知道自己的肉體與靈魂可能需要極多的操練，才能活出這樣的智慧。

晚飯後，我、蘇和內森三人到電影院看《太陽神十三號》(*Apollo 13*)。這部電影是關於一次登陸月球的計劃失敗後，三個太空人成功獲救而安全返抵地球的故事。各種懾人心魂的攝影技術展現的，是人際關係和逆境求生所需的操練。觀賞電影的當兒，我領略到從某種角度來看，我們三人同樣是船上的太空人，正努力不懈地要把太空船安全地駛回地球。我猜對一切敢於為友情冒險的人來説，這也是他們真確的感受。

《安息日誌——秋之旅》，頁20～22

◎讓別人擴闊你的視野

我和喬納斯(Jonas)跟勞倫特(Laurent)在哈佛廣場共晉午餐，我們一起談論勞倫特即將出版的著作，內容是關於委身和對全球社會的關注。……此書是根據很多的面談和調查集成的研究結果，引人深思。其中一項發現是，所有委身於重要的人道事業的人都曾在某時某刻遇到日常生活圈子以外的人士，這些人士會打破他們生活的界限，向他們展現出更寬廣的視野。勞倫特説：「在所有了不起的委身背後，你都能找到一段對此人影響深遠的友誼，這段友誼中的另一方的確可以稱得上是『他者』。」我覺得這見解很有道理，它跟我的經歷相符合。我如果從未遇過范尼雲(Jean Vanier)，就不會離開哈佛大學加入方舟團體。我如今委身於事奉殘障人士，就是源於跟這位打破我界限的朋友相遇，他大大地擴闊了我的視野。

《安息日誌——冬之旅》，頁65～66

◎愛使人如沐春風

近日我覺得活力充沛、如沐春風。我知道主要是因為朋友對我呵護有嘉。此刻我感覺不到別人在惱我恨我。我與家人、黎明之家、特別是內森、蘇和遠近朋友都相處和諧。在這樣的處境裏，我很容易忘記自己多麼脆弱，忘記自己很容易便失去重心。小小的拒絕、輕鬆的批評就夠令我懷疑自己，甚至失去信心。

這點是我讀米開朗琪羅(Michelangelo)給湯馬素．卡瓦列利(Tommaso Cavalieri)的詩時所想到的。米開朗琪羅五十七歲時結識年青的羅馬貴族卡瓦列利，他對卡瓦列利的愛，以及卡瓦列利對他的愛使他如沐春風。他說：「你的明眸，使我看見我瞎眼不見之明光。你的健腿，替我挑起我跛足志勝之重擔。我的心思盡在你心上。」

這話深深打動我，道出了我實在依賴人間的情愛。我知道我的心思都在愛我的人的心上。

《安息日誌——春夏之旅》，頁31～32

◎探訪的方式

今天是聖母訪親節(Feast of the Visitation)。一位小

女孩去找一位老婆婆。兩人皆有身孕，皆受委屈。小女孩的未婚夫約瑟因怕蜚語而想分手；老婆婆的丈夫撒迦利亞給弄啞了，不明白發生了甚麼事。而這兩位女子又明白嗎？不見得。她們迷惘、惆悵、有點不知所措。

小女孩馬利亞要離開自己那蜚短流長的小鎮。她受盡別人的白眼和背後的閒言。她逃走了。急忙往山地裏去，來到艾卡林(Ain Karim)，表姊伊利莎伯家中。她心知伊莉莎伯會明她，並給她地方安胎。

她們一見面就歡呼。她們相擁，握手，又叫又笑。恐懼和自我意識離開了她們。

「我主的母親。」伊莉莎伯喊著說。「我心尊主為大。」馬利亞叫著説。伊莉莎伯明白、肯定、慶祝。她全身歡呼。所懷的胎也在腹中歡喜跳動。馬利亞便明白自己所得的恩典、恩賜和特別的福氣。她有新的自由，喊著説：「主顧念他使女的卑微；從今以後，萬代要稱我有福。那有權能的，為我成就了大事。」(路一43、46～49)

兩個感到淒涼孤苦的女子突然發覺自己的偉大，並且自由地慶祝自己的福氣。他們二人成了羣體，互相依賴，一起保護對方、支持對方、肯定對方。她們一起三個月，然後就各自面對自己的境況，沒有懼怕，甘於承受當母親的後果。

我想不到有比「聖母訪親」更能讓人了解友誼、關懷和愛的東西。處於這充滿羞恥罪疚的世界上，我們要互相探訪，給大家安全的地方，好使我們自由地慶賀賜給我們的恩。我們要不時離開懷疑的聲音和憤怒的目光，進到深深了解愛護的地方。這樣或許我們能再面對兇險的世界，不再懼怕，卻對自己整全的生命有新的信心。

《安息日誌——春夏之旅》，頁142～143

◎認出你的兄弟姊妹

拉比問他的學生：「我們如何決定哪一刻是黎明，就是黑夜結束、白日開始的時刻？」

其中一個學生答道：「是你從遠處就能分辨出那是狗還是羊的時候嗎？」

「不，」拉比答道。

另一個學生問道：「是能夠分辨出那是無花果樹還是葡萄樹的時候嗎？」

「不，」拉比答道。

「那麼，請把答案告訴我們。」眾學生說道。

「黎明是……」那睿智的老師說：「當你看得見其他人的臉，你裏面也有足夠的光讓你認出自己的兄弟或姊妹的時候。在這之前，仍是黑夜，而黑暗也依舊在我們裏面。」

讓我們祈求亮光。這和平是世界所不能給予的。

《尋找回家路》，頁60～61

◎與你的軟弱為友

與憂患為友的要訣，在於與能接納的人分享。我們很會隱藏痛苦，甚至連最要好的朋友也不願洩露。我們寂寞之際會否找個朋友，向他訴說：「我寂寞，需要你的陪伴和支持。」當我們焦慮時，有性的需要時，憤怒或心懷苦毒時，會否去找個朋友，敢於請求他們陪伴我們，和分擔我們的痛苦嗎？

我們經常會想，或說：「我不想拿自己的問題去煩朋友，他們的問題已經夠多了。」其實，我們向朋友吐露心聲，是因為我們信得過他們，我們不就常向那些對我們隱瞞心事的朋友埋怨：「你怎麼不早說呢？為甚麼把這個祕密藏了那麼久？」顯然，並不是每一位朋友都能接納我們的痛苦。但是我深信，倘若我們真的想在靈命上成長，神是會差給我們需要的朋友。

我們許多的痛苦，不只是因為痛苦的境況，而是感到孤立無援。許多上癮的人——不論對酒精、藥物、性愛或食物上——往往在和人分享自己的痛苦經驗，知道有人真正地了解他們之後，第一次感到如釋重負。許多組織，像匿名戒酒協會所採用的十二步驟治療法，見證著和別人分享痛苦是醫治的開始。在此，我們可以看見悲哀與喜樂是如此難以分開。當我們發現自己不再單獨地掙扎，並且開始經驗到「在悲哀中同哭」的團契時，也同時感受到從悲哀中所迸發的真正喜樂了。

然而，要走出孤立的角落並不容易。我們不知怎地總是想要自己解決問題。可是，神卻讓我們共同建立了一個可以相愛的羣體，在這個羣體裏，我們一起找到了喜樂。喜樂不再只是屬於某些人，而是大家可以得到的。

Here and Now, pp. 40～42

◎超越個人主義

我們許多時感到孤立，都是自找的。我們不喜歡依賴別人，一有機會就想證明自己是可以控制局面、自作主張的。依靠自己，有不少誘人之處。它給我們一種權力的感覺，讓我們自覺有才能，讓我們有一種自己能作主的滿足感，並且會帶給我們不少好處。

然而，自我依靠的陰暗面，卻是寂寞、孤立和害怕人生不能成功的無助感。

我嚐過這種個人主義帶來的賞與罰。作為一個大學教授，我著作豐富，又受歡迎，而且成功地通過許多學術晉升的考試，可是到頭來，我感到十分孤單。雖然我竭力鼓吹社羣生活，獲到了不少讚許，私下卻不覺得自己屬於任何羣體。即使我努力地說服別人祈禱的重要，可是自己卻喪失了能容讓我去好好祈禱的那份安靜。雖然當我倡議人們應該彼此坦承自己的弱點，以致能在靈命上成長，卻發現自己在對於名譽尤關的事上，卻非常謹慎，甚至具防衛性。學術界講求的是競爭——即使是那些宣講憐憫的教授也得競爭——至少在他們還想保住工作的時候！

以憐憫作為人生的底線，也就是説，向別人開放和坦承自己的弱點。讓這羣體生活成為生活的焦點，成為生命的氣息……，這些都需要我們有勇氣，拆下那些為了自衛而在人我之間築起的無數高牆。這是一個終身而艱巨的屬靈爭戰，因為當我們一手扯下許多高牆時，往往另一手又立起了無數新牆。在我離開大學教職後，選擇了羣體生活，可是在過羣體生活時，卻又發現即使在羣體生活裏，仍有無數機會讓我把玩個人主義。的確，真正的回轉，不只是環境的轉變，而是心的轉化。

Here and Now, pp. 42～43

◎我們對合一的渴望

我們真正渴望的是甚麼？當我聆聽自己和別人內心最深處的渴望時發現，「合一」這詞似乎最恰當地表達了一切人心的渴望。合一是指「同為一體」。神給了我們一顆只能在合一中安息的心、不斷地尋覓這種心靈。我們在友誼中、在婚姻中、在社羣的關係中、在性愛的親密感中、在片刻的歡愉中、在自己的才華得到肯定中、在成功中，以及在別人對我們的欽佩與讚賞中尋求合一。不論在哪裏尋求，我們想得到的，不外是與人的合一。

我在收看奧運頒獎典禮的電視轉播中，捕捉到合一的感覺，六萬多現場觀眾和成千上萬電視機前的觀眾，不約而同鼓掌歡呼，與金牌得主們分享激動喜悅的心情。在那一刻，所有人都彷似跟金牌得主一樣，在多年努力之後，終於獲得了他們想要的肯定。然而，他們將多快地被遺忘。四年、八年或十二年之後，將會有新人在頒獎台上取代他們的位置。他們今日的片刻光榮，只會被少數人記得。

然而，人們對合一的渴望還是未減。這渴望是神所賜的，帶給我們極大的痛苦和極大的喜樂。耶穌說過，神將會滿足我們合一的渴望。我們在日常生活中所體會到的合一感覺，只不過是我們將來與神合一的寫照吧了。我們最不該有的生活態度，就是不相信對合一的渴求。沒有了這渴望，我們的生活就會變得乏味，我們的心靈也會冷淡。靈命是一種不安息於神的擁抱中，就絕不罷休的生活。

Here and Now, pp. 43～44

◎選擇一個屬靈的環境

我們無法單獨過一個屬靈生命。靈命就好像是一粒種子，需要肥沃的土地滋養，才能成長茁壯。這塊肥沃的土壤，不僅包括了內在意願，也需要一個外在給予支持的環境。

在沒有人祈禱，或是沒有人鼓勵祈禱的環境裏，過禱告生活是非常困難的。與那些反對或者譏笑神存在的人一起工作和生活，就使我們很難加深和神合一的關係。當我們終日和那些心中沒有天國的人週旋時，還指望自己能思念天國，幾乎是不可能的。

那些生活在毫無宗教氣氛的環境裏——從不談論神，不知祈禱為何物，不讀聖經，從不談論靈命——的信徒，很難和神維持長久的、親密的合一關係。我發現自己對於所處的環境非常敏感。在我所屬的羣體裏，有關神與我們同在的話語，總是時常出現，而且出現得十分自然。當我去多倫多市中心參加商業性的會議，或是和為愛滋病患者工作的人一起時，如果談及神，總會引起一些尷尬，甚至憤怒，最後以一場宗教辯論結束，弄得大家不歡而散。

如果我們真的想正視靈命，就應該好好的選擇一個能夠培養我們靈命的環境。我們有許多機會，可以改善能夠成長和更趨成熟的屬靈環境。雖然我們不能為靈命塑造一個理想的環境，我們卻有許多其他的選擇。我們可以選擇朋友、書籍、教會、藝術品、音樂、參觀探訪的地點，以及可以與之交往的人，這些加在一起，就可以陶造成一個良好的環境，讓神種植在我們心中的芥種，可以成長成一棵大樹。

Here and Now, pp. 95～96

◎沒有掛慮地追隨耶穌

在情感上脫離父母和兄弟姊妹，然後追隨耶穌，這是終身之久的功課。我們慢慢會發現，自己一方面依戀著過去的美好經驗，同時也忘不了年幼時的負面經驗。要把所有的經驗完全撇開，一切再重新開始，這是相當困難的。離開「家庭」，無論這個家庭是好是壞，都是我們一生中最大的屬靈挑戰。

我已經離開了祖國和家人二十多年，但發現自己仍然努力地想達到父母的期望。事實上，我驚訝地發現，自己的許多工作習慣、事業和生命中其他的抉擇，都是為了想討好家人。我依然想做那個令家人驕傲的兒子或兄弟。當我看出自己這個心態時，也開始見到我的許多朋友也有相同的問題。有些朋友，連自己的孩子都已經長大成人了，卻還沒法走出自己曾遭父母拒絕的痛苦陰影。另外有些朋友，雖然事業顯赫，並且贏得了不少的殊榮，卻仍然盼望有一天，他的父母能真正地肯定他們的才華。還有些朋友，把個人在人際生活和工作上的失敗，以及所有的不幸，都歸咎於父母。

隨著年歲的增長，我們會愈來愈清楚，自己在幼年和我們最親近的人，在感情上的那份千絲萬縷。

耶穌想要釋放我們，祂從一切阻礙我們完全活出召命，以及信任神無條件之愛的人與事中釋放出來。要得到這樣的自由，我們必須在情感上，一次又一次地離開父親、母親、兄弟和姊妹，勇敢地追隨耶穌……即使到我們並不想去的地方。

Here and Now, pp. 113～114

◎選擇你的朋友

靈命是不斷作出選擇的生命。最重要的選擇之一，就是去選擇哪些人，與之建立親密的關係。我們一生的時間有限。應和誰做朋友，並且怎樣和朋友一起消磨時光呢？這可能是我們生活中其中一個最重要的問題。做父母的非常關心他們的孩子有怎樣的玩伴、朋友或愛人，這是有原因的。他們很清楚，自己孩子的快樂，和他所選擇的朋友有密切關係。

在如何擇友上，我們該接受誰的勸告呢？我們應與誰共度寫意的黃昏呢？我們又該和誰一起出門度假呢？有時候，我們在言語和行為上，表現得好像我們沒有選擇的餘地。有時候，我們又表現得好像只要有人願意和我們做朋友，就值得慶幸了。然而，這是一個相當被動的態度，甚至含有宿命的意味。如果我們真的相信神對我們的愛是無止境的、無條件的，就應該相信，在這世界裏，必定有人渴望把這份愛顯示給我們。可是，我們不該被動地等著某人先向我們示好。因為我們相信神的愛，所以我們要有勇氣和信心，向那些神的愛在他們身上流露出來的人說：「我想認識你，想和你在一起，做你的朋友，你認為如何？」

一定會有人說不，你也必然因旁人的拒絕而感到痛苦。但是，如果我們怕難處，就會失去了磨練自己的機會，無法變得更堅強，也無法與人發展更深的感情。神道成肉身，是要我們具體地感受到祂神聖的愛。道成肉身不但發生在很久以前，也持續地在今天發生，只要我們堅信，神會送給我們需要的朋友。然而，選擇權卻在我們手中！

Here and Now, pp. 131～132

* * *

感恩

第三，你要時常為著蒙揀選的身分慶賀，這意味著向神說「謝謝」，因祂揀選了你，也向所有提醒你是蒙揀選的人說聲「謝謝」。

《活出有愛的生命》，頁21

◎所屬與祝福

耶穌的比喻中，有一個法利賽人站著禱告神說：「神

阿，我感謝你，我不像別人……」(路十八11)

我們也常常如此禱告。「我慶幸自己不像他、她或他們。有幸不生於那家、那園或那族。有福不屬於那黨、那班或那羣！」這種禱告多是沒完沒了的。我們總愛跟人比較，想證明自己比人強。這種禱告乃源於操控著我們許多思想舉動的畏怯的心。

可是這種禱告十分危險，會化同情為競逐，化競逐為爭鬥，化爭鬥為暴行，化暴行為戰事，化戰事為滅絕。這種禱告妖言惑眾，我們忙於發掘彼此的分別，但這並非我們的身分所在。不，我們真正的身分與人無異——軟弱、破碎、罪孽深重，可卻又是神的兒女。

我甚至認為不要因有異於別的受造物、動物、植物或石頭而感謝神！卻要因與他們相同，不過不失，同為神創造的一分子而感謝神。這就是謙卑。我們本屬腐地泥土，此種聯屬正是感恩的至深緣由。我們必需如此禱告：「感謝神，我配在你創造之中。開恩可憐我這個罪人。」我們這樣禱告倒算為義了(參路十八14)，意思是在神國中找著恰當的位置。

《安息日誌——春夏之旅》，頁24～25

◎心之選擇

喜樂是我們選擇的結果，這話聽起來可能有些陌生。我們常常想像有些人特別得天獨厚，而他們的喜樂與憂傷是受外在環境所影響的——那些外在因素是人沒法控制的。

然而，我們是有選擇的。不是可以選擇外在的際遇，而是可以選擇我們面對的態度。同一件意外，可能造成兩個受害者。對第一個受害者而言，這意外是他苦澀的泉源；對第二個受害者而言，這意外卻是他感恩的泉源。外在的境遇相同，但對之回應的態度，卻可以截然不同。有些人年歲愈大，愈是苦澀，有些人則是愈來愈喜樂。這並不表示，滿腹苦澀者的境遇比那滿心喜樂者的境遇艱苦，而是代表著不同的選擇，那是內在的選擇、心的選擇。

我們應意識到，在生命的每一刻，我們都有選擇喜樂的機會。詮釋人生的角度，總是有兩面的：喜樂的一面，憂傷的一面。我們可以選擇以喜樂的心或是以哀怨的心看待它們。在選擇中，才有真正的自由，而這自由，最終極的意思是一份愛的自由。

也許我們該想想如何才能發展、選擇喜樂的能力。也許我們該在每天晚上花些時間，回想白天所發生的一切，不論發生何事，總是感恩。這樣能擴充我們選擇的能力。當我們的心充滿喜樂時，自然會成為別人喜樂的泉源。正如憂愁生憂愁，喜樂生喜樂一樣。

Here and Now, pp. 27～28

◎做個踏實屬靈人

喜樂是會傳染的，就像哀愁一樣。我有位十分喜樂的朋友，並不是他事事順利，而是他總能體會到神在自己和別人的苦難中同在。無論他到哪兒，遇見了甚麼人，都能聽到和看到一些美麗的事情，足以令他感恩。他不會否認自己生命的哀傷，或是對眾生的痛苦哀哭充耳不聞，而是他的心靈依靠著黑暗中的光明，在絕望中禱告。他的目光溫柔，聲音和藹。他不是活在浪漫主義中。他是個踏實的人，他的信心讓他體會到，盼望比絕望真實，信比不信真實，愛比恐懼真實。正是這樣一個踏實的屬靈生命，讓他成為一位喜樂滿溢的人。

我每次見到他，總忍不住想引他談論國際間的戰爭、許多餓死的小孩子、政治的腐敗、人與人之間的欺騙等，期望他能正視人類那種終極的破碎。但是每次我提到這些話題時，他都會以溫和而憐憫的眼神，看著我說：「我見過兩個孩子分享一片麵包，也聽到一位婦女對著給她蓋被子的人說聲謝謝。這些單純的窮人，給了我活下去的嶄新勇氣。」

我朋友的喜樂是會傳染的。我更多和他在一起，就更多捕捉那雲上的太陽。是的，我知道即使天空滿佈烏雲，但太陽還是存在的。當我的朋友總是談及太陽，而我則總是講論烏雲時，有一天，我終於明白，沒有太陽就根本看不到雲。

那些在烏雲下卻仍然談及神的人，實在是這時代帶給我們盼望的使者，也是真正的聖人。

Here and Now, pp. 28～29

◎讓喜樂帶給你驚喜

到底是喜樂還是憂傷令我們驚訝呢？我們的社會總是想我們驚訝於憂患。報紙不斷地報導交通意外、謀殺案，以及人與人、羣體與羣體、國家與國家之間的衝突，而電視媒體則充斥著仇恨、暴力和毀滅的畫面。於是，我們總是問他人：「你聽過那件事嗎？你有沒有看到……可怕嗎？……真是不敢相信啊？」是的，黑暗的勢力似乎想藉著人世間的憂傷，不斷地攪動我們。然而，這樣的干擾只會令我們癱瘓，引誘我們在苦難的海洋中苟且偷生。把自己想像成緊抓浮木求生的船難生還者，我們也就逐漸地接受了自己注定是殘酷世界中的受害者這角色。

信仰的一大挑戰是如何驚嘆於喜樂。我記得，有回和朋友圍坐在餐桌旁，討論國內經濟不景的情形。我們輪流拋出統計數字，證明經濟景況將會更趨惡化。談話正激烈時，突然我朋友那四歲大的兒子開門進來，跑向他的父親，叫道：「看呀，爸爸，來看呀，我在院子裏發現了這隻小貓……看呀……牠可不可愛？」這小男孩抱著小貓給父親看時，用手輕撫著牠，並把牠緊貼住自己的臉頰。屋裏的氣氛忽然變了。小男孩和他的小貓成了大家注意的焦點。每個人都輪流輕撫著小貓，面帶微笑，溫柔地逗弄牠。那一刻，我們驚嘆於喜樂！

神在充滿暴力的世界裏，以一個小孩子的模樣出現。我們會驚嘆於喜樂，還是會繼續說：「真甜蜜美好啊！可是現實歸現實。」但是，如果這小孩子所顯示給我們的就是真理，那又如何呢？

Here and Now, pp. 29～30

◎帶著感恩去回憶

我們如何才能過一個真正感恩的生活呢？我們很容易把過去所發生的事兩極化，分成值得感恩的好事，以及應該忘記的壞事。可是，如果我們把往事兩極化，就無法自由地奔向未來。我們有那麼多應該忘記卻無法忘記的事掛在心上，又怎能跨步向前呢？

真正的感恩是擁抱過去的一切，好的、壞的、喜樂的、憂傷的。正是過去所發生的一切，造就了今日的我。我們應該把過去的一切，看作是神給我們的人生指引。這不是說過去所發生的一切都是好的，而是即使是壞事，也不能發生在神的同在以外。

耶穌所受的苦難是黑暗勢力帶給祂的。然而，祂仍然說， 祂的苦難與死亡是通往光榮的路徑。

以感恩的心對待過去所發生的一切，是相當不容易的。有太多的事令我們感到內疚和羞愧，甚至希望它們從沒有發生過。但是，我們如果能夠以神的眼光來看它們，內疚就會變成帶有喜樂的內疚，羞愧就會變成帶有喜樂的羞愧。因為它們引領我們更深體會神的憐憫、更多明白神的引領，和對事奉神更深的委身。

我們一旦能以感恩的心去記念過去，就有自由向世人宣講好信息。正如彼得的三次不認主並沒有令他癱瘓，反而在耶穌原諒了他之後，他的信心更為堅定。因此，我們所有的挫敗與背叛都可轉化成感恩，進而使我們成為宣講盼望的使者。

Here and Now, pp. 81～82

◎接受和施予

一個憐憫他人的生命的美妙之處，在於付出的同時，也收到許多。任何一位曾經憐憫人的人都會說：「我收到的和付出的一樣多。」那些曾在加爾各答服事過垂死病人的，那些曾在利馬或是聖保羅和赤貧者一同生活過的，那些曾經為愛滋病患者或心智殘障者服務過的人，都會一同對接受他們幫助的人致謝，因為他們從那些人身上得到許多。接受和施予同時出現，那是真憐憫的明證。

我這一生中最值得回憶的時光之一，是在秘魯利馬與奧斯卡．莫瑞諾一家共處的時間。帕布羅和他的太太蘇菲亞，還有他們的三個孩子約翰、瑪麗亞和帕布利多，雖然十分貧窮，卻慷慨地招待了我。我永遠也忘不了他們的笑容、熱情和詼諧的個性——這一切都發生在他們朝不保夕的生活中。當前往秘魯時，我是懷著雄心大志想去幫助窮人的。在回國時，我卻為從窮人身上所得到的深懷感激。當回國一段時間之後，我在哈佛神學院教書，仍不時地會思念起「我的家人」。我懷念那一邊笑著和我分享曲奇、飲料，一邊爬在我的手臂和腿上的孩子們。我懷念那些靠近利馬的潘布羅那村內的窮人們，他們是自發地、親切地和慷慨地招待了我。他們實在給了我無數愛的禮物。無疑，他們十分快樂，甚至很驕傲能有我這位「外國牧者」和他們一起，但是我所給他們的，實在無法和我從他們身上所得的相比。

憐憫人的賞報並不是在事後得到的，而是藏於憐憫中。這一點我十分肯定。

Here and Now, pp. 107～108

◎饒恕與感恩

離開父親、母親、兄弟和姊妹的兩個最重要的方法，就是饒恕與感恩。我們能夠饒恕家人愛得我們不夠好嗎？我們能夠饒恕父親在我們小時候對我們要求過高、專制、冷漠、缺乏愛、時常不在家，甚至對其他的人或事比對我們更感興趣嗎？我們能夠饒恕我們母親的佔有欲、過分拘緊、愛好操縱、對我們心不在焉，而且對食物、酒精或毒品上癮，甚至過分忙碌，或把事業看得比我們還重要嗎？我們能夠饒恕我們的兄弟姊妹在小時候不和我們一起玩，不和我們分享他們的朋友，對我們態度很差，或讓我們覺得自己愚蠢和一無是處嗎？

我們該饒恕的事情多不勝數，並不是因為我們的家人不如人家般有愛心、會照顧人，而是人所能給予的愛都是有限和不完美的。我們的父母在幼年時所得到的父母之愛也是不完美的，甚至我們的祖父母也有不完美的父母呢！

我們要去饒恕的事情不勝枚舉。然而，如果我們能夠明白到，我們的父母、祖父母和曾祖父母也都和我們一樣，想去愛，但卻又帶著很多未能滿足的需要，這樣，我們或許能跨越心中的憤怒、怨懟、甚至憎恨，而發現他們對我們的愛雖有缺陷，仍是真愛，而且是值得我們感激的。

我們一旦能夠饒恕別人，便能夠對我們所曾得到的一切心存感激。我們所得到的實在很多。我們能夠走路、說話、微笑、移動、大笑、大哭、吃喝、玩耍、跳舞、工作、唱歌，給人帶來朝氣、喜樂、盼望和愛。我們充滿生氣！我們的父母給了我們生命，而我們的兄弟姊妹又伴著我們成長。我們一旦不再被他們的弱點蒙蔽住視線時，就能看清楚，該感恩的事實在多不勝數。

Here and Now, pp. 114～115

祝福
Bless

讓我先告訴你「祝福」這詞的意思。拉丁文的「祝福」是*benedicere*。在許多教會，「祝福」(benediction) 字面的意思是：美 (*bene*) 言 (*dictio*) 或說祝福人的話。⋯⋯祝福別人是我們可以給予最有意義的肯定，勝於一句稱讚或感激的話，勝於賞識某人的天分或善行，勝於讓人覺得光彩。祝福就是給予肯定，肯定一個人是蒙神所愛的。

《活出有愛的生命》，頁27

當你能夠給予或接受一個祝福時，已經意味著你和對方有著一段關係。亨利提醒我們，祝福他人(或接受他人祝福)就是「用説話去造就他人——對他人説聲『是』」。盧雲不斷重複和強調，我們要去學習肯定和慶賀他人是蒙神所愛的孩子，他們有其價值、美麗及獨特性。

亨利從許多段友誼中學習到社羣是經驗神的祝福的另一個媒介。在與人談話時，他具備找著談話重心的超凡能力，並且喜歡在笑聲與美食中與別人一同慶賀這些時光。他愛得深，像直接知道那些跟我們最親近的人，誰能得著祝福、誰該接受咒詛。然而，當他人祝福我們時，我們驚訝神竟悦納我們，並透過人的手傳遞出來。

一九八五年，亨利因要處理其他公事，在加拿大的黎明之家逗留了一個星期。期間，黎明之家其中一個主要成員雷蒙(Raymond)遇上嚴重車禍。在當時亨利雖然只是一個探訪者，他卻在期間幫忙，就如一位院牧一樣參與了整個危機。他到醫院探訪，並且與受害人的家庭建立了關係。他探訪了黎明之家數個家舍，當中的同工和一些主要成員——那些智障人士——同住。亨利鼓勵每一個家舍在飯桌上貼上雷蒙的照片，目的是要他們記得為他祈禱。在醫院裏，亨利鼓勵雷蒙的父親要祝福他的兒子，趁著這個機會，假使他的兒子死去，對他講出心裏的說話。雷蒙的父親抗拒這樣做，因他不知道如何施予這個祝福。亨利說：「我可以指示你。祝福你的兒子，對他說些美善的說話。告訴他你愛他，並向他提及神。」他向眾人親身示範如何向他人說聲「是」。

亨利的家人證實，他在六歲時已表示想成為一位牧者的心願。亨利作為一個敬虔天主教家庭的大兒子以及一位有名望的荷蘭牧者的侄兒，他聖職的召命在年幼時已被肯定和鼓勵。八歲時，他把家中的閣樓變成一間小教堂，在那裏舉行彌撒。他的母親和祖母為了這位靈敏和關心別人的兒子，委託了一位木匠建了一座小小的祭壇，也委託了一位裁縫為他縫製了一件小童尺碼的袍子。這些行動對於亨利所在的荷蘭天主教團體來說並非不尋常，然而亨利對自己所扮演的角色的那份精力卻是顯著的。

對於亨利來說，這個小教堂玩意不只是他一個兒時的遊戲。他感到自己被神揀選去履行一個特別的職事。而他的召命是一個會帶給他喜樂與名聲、憂傷與傷痛的祝福。這牧養的職責，在拉丁文的意思是：要成為人與神中間的橋梁。

一九五七年七月二十一日，亨利在荷蘭的烏德勒支

(Utrecht) 被授任聖職，他的叔叔送給他一隻手製的黃金聖餐杯作為禮物，杯上鑲了亨利外祖母的鑽石。他極之愛惜那隻家人為他而設的聖餐杯，在翌日早晨用它來舉行了第一次的聖餐彌撒。秉承第二次梵諦岡會議前天主教的傳統，主領聖餐彌撒的牧者負責分派餅，但卻只有他能飲聖杯中的酒。這個禮儀令亨利經驗到與耶穌深深的契合。其後，亨利喜歡用一個較大的聖餐杯，因為他能與別人分享聖杯中的酒。亨利曾寫道：「這些聖杯所包含的明淨與純樸，道出了作為一個牧者和一個人的嶄新方向。」

無論亨利去到哪裏，他都保持著每天慶祝聖餐感恩祭的習慣，或獨個兒慶祝，或很自然地聚集了一羣人，一起為之慶賀。任何人見過他用那雙典雅的手舉起一個聖餐杯時，都一定會同時看見他主領聖餐時的那份溫柔的觸碰。他熱愛聖杯給予他的感覺，他熱愛酒那種塵世的、豐盈的味道，以及酒所表徵的那份犧牲的大愛。當他將杯分給他人時，無疑這就是一個載滿了祝福的杯。

在《你能飲這杯嗎？》(*Can You Drink the Cup?*) 一書中，亨利講述他探望黎明之家另一要員特里維埃 (Trevor) 的故事。當時特里維埃要在精神病院進行一些評估。當院方知道這個知名的牧者到訪，院牧就邀請了一些區牧和醫院員工一起共晉午餐。當亨利抵達時，他受到溫暖的接待，且被帶進一個別緻的宴餐室裏去。亨利問及為何不見特里維埃與他們一起用膳，才知道原來醫院規定，員工與病人不可在預留給特別場合的貴賓房 (Golden Room) 中同檯進餐。

亨利作為一個建立橋梁的牧者，拒絕在特里維埃不在場下進餐。因此特里維埃獲准一起用膳。當所有人都圍著桌子坐著，禮貌地談話時，特里維埃突然站起來，他舉起可口可樂對大家說：「舉杯。」大部分人照做，接著特里維埃不避尷尬地唱起歌來：「當你知自己快樂時，請舉杯。」亨利寫道：「特里維埃的祝酒徹底地扭轉了貴賓房的氣氛。他聚合了這羣陌生人，使他們感到自在。他美麗的微笑與無所畏懼的喜樂，打破了員工和病人之間的隔膜，亦為照顧病人的工作者塑造了一個快樂的家庭。隨著特里維埃這個獨特的祝福，他為這個聚會添上了喜樂和果實纍纍的色彩。滿有憂患與喜樂的杯成為了滿載祝福的杯。」

以下第二部分從亨利著作中輯錄的，主要集中思索何謂祝福。第一個小分類稱為「在禱告中聆聽」，集中探討內在的生命，那是學習在禱告中聆聽之所。第二個小分類稱為「澆灌神的同在」，鼓勵我們每天留心每一個時刻，只要花時間去看、去品嚐、去享受，就能意識和察覺到每一天都滿有祝福這個真理，而為此肯定和慶賀。

當你讀下去時，這些選輯也許會喚起你生命中一些朋友和特別的時刻。細味他們。這裏有個建議：在閱讀時預備一張紙。在不同的選錄間停下來，列出你記起的祝福。一個一個的寫下來——短句、人名、回憶、恩典、親切的話、奮鬥過的艱苦時刻，以及你的領悟。要留心日復一日、年復一年走進你生命的祝福：察看你的內心，傾聽神的愛之聲音，留心你生命中大大小小的美善。是真的。你是蒙福的。

麗貝卡．萊爾德

＊　＊　＊

在禱告中聆聽

讓我給你兩個建議，去確認你是蒙祝福的。這和禱告與專注有關。先談禱告。對我個人來說，禱告愈來愈成為我聆聽祝福的途徑。我讀過也寫過有關禱告的書，但當我到一個安靜的地方禱告時，我就明白禱告的真正「工作」是安靜聆聽，即使我傾向於對神說很多話，我仍靜下來聆聽那訴說我的好處的聲音。乍聽之下，這好像是自我陶醉，但事實上是難度很高的紀律。

《活出有愛的生命》，頁31～32

◎讓神的靈行走自如

禱告是貫通我的潛意識與意識生命的橋梁。禱告把我的思想與感情、意志與情緒、腦袋與肚皮連接起來。禱告是讓賜予生命的聖靈滲透我全身每一部位的途徑。禱告是神聖的工具，通過它我才能達致個人的完整性、一致性，享有內裏的平靜。

那我的禱告生命又如何呢？我喜歡祈禱嗎？我想祈禱嗎？我有花時間祈禱嗎？坦白說，我三者都不是。在世上活了六十三年，加入了神職人員的行列三十八載，我的禱告生活如今儼如岩石般僵硬。還記得那些叫人緬懷的青蔥歲月，年輕的我，是不能離開教堂半步的。我會雙膝跪下多個鐘頭，內心深深感受到主耶穌的同在。那時候，我怎也不能相信不是所有人都渴望祈禱的；禱告是何等親密，何等窩心。正是在這些禱告不絕的日子，我漸漸被模造為一個神職人員。其後的歲月，我十分留意禱告的真義，閱讀啦，寫作啦，探訪修道院和禱告之家啦，還引領好些人在靈修之旅上進深。如今，我的內心應該綻放著由禱告點燃的屬靈烈焰。很多人覺得我是這樣，並認為禱告是我最大的恩賜和最深的渴望。

真實的情況卻是，我在禱告的時候，並沒有些許深刻的感受。沒有熾熱的情感，或官能的刺激，或心靈的洞見。我的五官沒有被觸動——嗅不到特別的氣味，聽不到獨特的聲音，看不見特異的影像，嚐不到奇特的味道，也沒有作出特殊的動作。縱使在一段頗長的時間內，我是清楚曉得聖靈藉著我的肉體來成就祂的事工，但如今我卻感應不到甚麼。一向以為人年事愈高、愈近死亡，禱告就會變得較為容易，但事情似乎剛好相反。我目前的祈禱狀況，「漆黑」和「乾枯」兩個詞語似乎最能把它形容出來。

也許，我的祈禱生活變得漆黑黯淡、乾旱枯竭，部分原因是我過度活躍。年紀愈大，我就愈忙，放在禱告的時間就愈來愈少。不過我也許不應循這條思路來責備自己。真正的問題是：「所謂漆黑和乾枯是甚麼意思？要我注意的是甚麼事情？」……

我的禱告光景如斯漆黑與枯乾，究竟標誌著神已離我而去，還是揭示著神正以一種超乎人類感官世界所能體認的方式與我同在？我禱告生命的僵死，究竟反映了神與我親密的聯繫已告一段落，還是意味著一種新的契合已然誕生，超越文字、感情和官能感應？……

也許現在是我豁出去的時候：把「我」的禱告生命、「我」親近神的努力、「我」與神契合的方式，全都釋放出來，好讓神的靈能在我裏面行走自如。「因為凡被神的靈引導的，都是神的兒子。你們所受的，不是奴僕的心，仍舊害怕；所受的，乃是兒子的心，因此我們呼叫：『阿爸！父！』聖靈與我們的心同證我們是神的兒女。」(羅八14～16)

《安息日誌——秋之旅》，頁16～19

◎此刻的生命

要活在當下，我們必須深信生命中的此時此地是最重要的。我們經常容易為在過去發生的事，或是在未來將發生的事而分心。把注意力集中在目前，並不容易。我們的心思難以駕馭，總是拉扯我們不願停在目前。

祈禱是此時此刻的操練。我們在祈禱時即進入了神與我們同在的境地，祂的名字叫做以馬內利(神與我們同在)。祈禱就是專注聆聽神此刻對我們所說的話。惟有當我們勇於相信自己並非孤單無助，神永遠地和我們同在，並且永遠地關心我們，一直和我們說話，我們才能逐漸從那些令我們焦慮與自責的煩惱中超脫出來，而真正地活在當下。這是一項困難的挑戰，因為要全然信任神並不容易。我們大多數人是不信任神的。大多數人認為神或是令人生懼、善於懲罰人的至高權威，或是一個空洞的虛象。耶穌來到這世上，所要傳遞的重要訊息是：神既非無用的虛象，也不是只有權力的上司，而是一個愛人者，祂惟一的願望，就是滿足我們心中最渴想的愛。

祈禱是聆聽那愛的聲音。這是順服的所言。「順服」這個字來自拉丁文中的*ob-audire*，意指全然專注地聆聽。若不聆聽，便是對愛的聲音「充耳不聞」。拉丁文中的「聾」是*surdus*。完全聾掉是*absurdus*，這個字後來成了英文的absurd，意即荒謬。當我們不去祈禱，不再聆聽那愛的聲音時，我們的生活就成了荒謬的生活，浪蕩在過去與未來之間。

惟有每天以片刻的功夫，全神貫注地活在當下，我們就會發現，自己並不孤單，與我們同在的神只想做一件事：給我們愛。

Here and Now, pp. 19～20

◎我們的內室

愛的聲音需要我們全心全意去傾聽。怎樣能做得到呢？以我個人的經驗來說，最有效的方法是用一個簡單的禱文，可以是一句話，也可以是一個字，然後不斷重複地唸。我們可以用主禱文、耶穌禱文、耶穌的名字或任何能提醒我們神的愛的話語作為我們的禱文，而把它像燃亮在黑暗中的一盞蠟燭般，放在我們的內室中央。

顯然地，我們是會不斷分心的。我們會想到昨天發生的事，或明天將發生的事，假想一段和朋友或是和敵人的談話。我們會計劃明天的行程，為即將舉行的演講或會議在內心盤算籌備。然而，只要我們一直讓心中這盞蠟燭在我們的暗室中燃亮著，便可隨時轉向那點光芒，看清楚神的同在，那是我們最渴慕的。

不是每次的祈禱經驗都讓人滿意。我們有時在祈禱中會感到煩躁不安，無法得到內心的寧靜，於是迫不及待地想再藉著外在的忙碌，逃避內裏心思意念的混亂。可是，只要我們沒有放棄祈禱的操練，即使每天只有十分鐘的禱告，就逐漸會發現到——藉著我們禱告的那盞燭光——在我們的內心，有一處讓神安居之所，那是我們被邀請與祂一起的空間。我們一旦知道，這內心神聖之處比我們所能旅遊到的任何一個地方都要美麗、還要寶貴時，就會想到再次造訪，讓靈魂在那兒受到滋潤。

Here and Now, p. 21

◎為他人祈禱

在祈禱時我們會發現，與神愈親近，就會與人類大家庭中的弟兄姊妹愈親近。神不是某人私有的神。那在我們心靈聖殿中居住的神，也同時居住在其他人的心靈聖殿中。當我們認出了臨在於我們心中的神時，也就會認出那在其他人心中的神，因為揀選我們作為居所的神，給了我們一雙屬靈的眼睛，讓我們能看到那居住在他人心中的神。當我們只看到自己心中的惡魔時，也只能看到旁人心中的惡魔，但當我們看到在自己心中的神時，也能看到他人心中的神。

這一說法或許聽起來頗為理論化，可是當我們祈禱時，自然不斷地體會到自己是人類大家庭的一分子，神創造了我們，在祂的榮光下，我們應該彼此分享所有。

我們時常不知可為他人做些甚麼，尤其是那些十分需要幫助的人。當我們說：「我們彼此代禱」時，不是無助的表現。彼此代禱表示我們在神之前承認，我們同是那位神的兒女。若是沒有這一份團結，我們都不會認真地去幫助他人。我們是弟兄姊妹，並非敵人或爭競者。我們是同一位神的兒女，而不是隸屬於不同神祇的支持者。

祈禱是聆聽那稱我們為「所愛的」神的聲音，學習到那聲音是對著所有人說的。神與我同在，在神與我同在之處，認出了我所有的弟兄姊妹。神和我的親密關係，與別人和我的親密關係是不可劃分的，兩者都是活在當下。

Here and Now, pp. 22～23

◎生命的軸心

在我的祖國荷蘭，人們仍可看到許多驛馬車的木車輪裝飾在一些餐廳的牆壁上，或在某些農場的入口處作為裝飾。我一直都著迷於這些舊馬車的木車輪：寬的輪邊，堅硬的木製輪柄，還有大大的軸心。這些車輪讓我明白到，在生命中有個軸心的重要性。當我的手順著輪邊摸時，就能一個挨著一個地摸到輪柄，可是如果停留在車軸心，就可以同時摸到所有輪柄。

祈禱是把心思集中在愛和生命的軸心上。我愈靠近生命的軸心，也就愈能駕馭一切發自這軸心的能量。我時常會為外務而分心，整天忙碌，反而做不了甚麼有意義的事，四處奔波卻心緒難平。惟有把心思集中在生命的軸心時，我才能把持住生命的重心，把自己接連到人生多變的色彩上。這軸心代表甚麼呢？我認為它是我自己的心，是神的心，也是普天下人的心。在祈禱時，我進到自己內心的最深處，在那兒找到神的心，祂向我說出愛。而且，我領悟到這心中的愛，將我和我所有的弟兄姊妹連繫在一起了。靈命最大的吊詭在於最個人的事也是最普世的，最隱私的事也是最普遍的，而最靜默的卻又是最活潑的。

驛馬車上木車輪的軸心，雖然似乎靜止不動，但卻是一切力量和運作的中心。在神內，靜止與活動是一體的。祈禱也是一樣的！

Here and Now, pp. 23～24

◎明確的目標

我們有明確的人生目標嗎？運動員的明確目標是奪取奧運金牌，把生活裏其他的事都看成次要。這明確的目標，決定了他們起居作息和學習訓練的模式。

靈命也像那些運動員的競賽生活一樣。生活如果沒有一個明確的目標，我們就容易為其他事分心，而把精神放在次要的事上。「把你的目標放在獎賞上」，這是馬丁路德金(Martin Luther King)博士曾對民眾說過的話。我們的獎賞是甚麼？是神聖的生命嗎？永恆生命，就是與神同在和在神裏面的生命嗎？耶穌曾向我們宣講過那個目標，那個屬天的獎賞。他對尼哥底母說：「神愛世人，甚至將他的獨生子賜給他們，叫一切信他的，不至滅亡，反得永生。」(約三16)

專注永恆的生命並不容易，尤其在今天這個不斷以其他看似更緊急的事來分散我們注意力的世界。差不多每一天，我們對這個目標的注意力都會被其他的事分散打擾。我們從經驗得知，如果沒有明確目標的指引，我們的生活就會分散成許多瑣碎的工作和職責，既耗費我們的精力，又讓我們覺得一切辛勞都沒有價值。那麼，我們要怎樣做，才能讓目標明確呢？應要如何，才能全心贏取獎賞呢？透過禱告的操練：只有祈禱，才能幫助我們把神一次又一次地帶回我們生命的中心去。我們還是會分心的，還是會不斷地為許多次要的事情忙碌，但是只要我們能預留時間和地方給那賜永生的神，我們就會逐漸發現，那些我們必須趕著做、急著說和不斷想的次要事情，並不一定是我們的障礙，而是領著我們更接近目標。我們的目標應持續地保持明確，這是十分重要的。祈禱能讓我們的目標明確，當目標開始模糊時，祈禱能夠讓目標再次清晰。

Here and Now, pp. 68～69

◎那微小的聲音

最近，我在多倫多市中心的布雷爾 (Bloor) 街和楊格 (Yonge) 街街角，目睹一位年輕人因趕著過馬路而差點被車撞倒。當時，就在那街口，有成千上百的人自不同的角落向前移步，大多數的人看來既緊張又嚴肅，誰也不向誰打招呼，人人都像滿懷心事，盤算著該如何達到某個目標。汽車和貨車也爭著在行人熙攘的十字路口穿越和轉彎。

我暗忖：「這些人的心裏究竟在想著甚麼？他們想著甚麼，有何希望，是甚麼力量推動著他們呢？」當我站立在那忙碌的十字街上，我不禁希望能聽到這些人心中的言語。可是我又立刻明白到，其實我不必如此好奇。我的煩躁不安，極可能和那些人沒有甚麼分別！

安靜沉著地聆聽，讓神告訴我生命的意義，為何會這麼難呢？是否因為我不信任神嗎？是否因為我不認識神？是否因為我懷疑神是否真的對我好嗎？還是因為我害怕神？是因為其他一切事物都比神來得還真實？還是因為在我的心底深處，並不相信神會關心在布雷爾街和楊格街街角所發生的事？

然而，那永恆的聲音就在那兒——在多倫多市中心，那聲音對我說：「凡勞苦擔重擔的人可以到我這裏來，我就使你們得安息。我心裏柔和謙卑，你們當負我的軛，學我的樣式；這樣，你們心裏就必得享安息。

因為我的軛是容易的，我的擔子是輕省的。」(太十一28～30)

我能信任這個聲音，聽從它的召喚嗎？那聲音很微小，經常會被市中心的喧鬧聲淹沒。可是，只要我用心聆聽，我還是可以在心靈深處，聽出那聲音正對著我一遍遍地輕訴。

Here and Now, pp. 76～77

◎德蘭修女的答覆

在幾年前，我有機會和加爾各答的德蘭修女會面。當時我正為了許多事煩惱不已，因此想利用這個機會向德蘭修女請教。剛坐定下來之後，我立刻把所有的問題和困擾向她說了——我想說服她這些問題是多麼複雜難解。這麼喋喋不休地講了十分鐘之後，我終於沉默下來，德蘭修女安靜地看著我，說道：「事實上，你只要每天用一個小時祈禱，還有不做違背良心的事……你就會一切安好了！」

她這麼說的時候，我突然覺得，她刺穿了我那充滿自怨自艾的汽球，指向我超越自己，到達那真正得醫治的地方。坦白說，她的答覆把我愣住了，我已再無意說更多的話。門外還有許多人等著見她，為了不佔取他們和修女談話的寶貴時間，我起身謝了她離去。她的這幾句話，直到今天還深印在我的心裏。雖然這幾句話並非我所料，但卻一針見血地點醒我。她**所說**的話是真理，我該用我剩餘的生命去**實踐**這真理。

這次短暫卻重要的會談讓我明白到，自己的問題其實是以塵世的觀點來發問的，而德蘭修女所做的回答，卻來自天上。她的答話起初好像和我的問題毫不相干，可是我旋即明白了，她是從神的角度，而不是從我的投訴來回答我。我們常以塵世的角度來回答塵世的問題。結果，往往是更多的問題和答案，許多時候帶來更多的迷惘。

德蘭修女的答覆好像一線電光石火，照亮了我的黑暗，讓我在瞬間看清了自己。

Here and Now, pp. 88～89

◎從憂慮到禱告

最不能停止憂慮的方法，就是勉強自己不去想擔憂的事。我們無法將憂慮從思想中除去。當我躺在牀上，為著即將要開的會議而擔心時，總不免安慰自己說：「不要想這些事了，睡覺吧，明天一切都會水到渠成的。」可是，腦中有另一個念頭：「你怎麼知道呢？」於是，憂慮又來了。

耶穌有一個建議，祂要我們思念神的國。你或許可以將它解釋成：「如果你要擔憂，不妨選擇一些值得擔憂的事。擔憂一些比你的家庭、你的朋友或明天的會議還重要的事。擔憂和神有關的事吧：那就是真理、生命和光明。」

我們一旦把心放在和神有關的事上，就已經不知不覺地在祈禱了，擔憂的心便會停止轉動，因為我們已與神合一，祂與我們同在，給我們所要的。由於憂慮變成禱告，先前的無力感消失了，代之是被聖靈充滿時的生命。

事實上，憂慮不能延長我們的生命，但作為神所愛的兒女，我們可以超越死亡的界限、獲得永生。

我們可以做到完全不憂慮嗎？答案是不可能的。只要我們還活在塵世裏，生活有緊張與壓力，就免不了憂慮，然而我們只要能時常把心思意念轉向神擁抱我們的愛中，那麼在憂慮時，我們就能對自己笑一笑，而且把眼目和耳朵專注於天國之中。

Here and Now, pp. 89～90

◎從頭腦落到心坎中

我們可以如何具體地思念神的國呢？當我躺在牀上，因為有許多心事而輾轉難眠時，當我怕把工作弄錯而戰兢時，當我無法不去想一位正在垂死的朋友時——我可以怎麼辦？只想神的國？很好，但是到底該怎樣，才能做到這一點呢？

這條問題可以有許多答案，就像人們有許多不同的生活方式、個性和環境一樣，要具體做到思念神的國，也有許多不同的方法。沒有任何一個特定的方法適用於所有人，但是有些方法至少能幫助你找到方向。

我有一個可把頭腦落到心坎裏的簡單方法，就是慢慢且專心地誦念一段禱文。你們或許認為我這個建議不夠好。可是，由心發出的禱文真的很有療效。當你能用主禱文、使徒信經和光榮頌等祈禱時，你就可以起步了。或許你可默想詩篇二十三篇：「耶和華是我的牧者……」，或保羅寫給哥林多人的信，或聖法蘭西斯的禱文：「主，使我作你和平之子……」。不論你是躺在牀上、開著車子、等候公共汽車，或放狗的時候，都可以容讓這些禱文進到你的思想中，然後用心去體會其中的意思。你會不斷被許多雜念分散注意，但是只要你努力地不斷返回禱文上，你就會慢慢發現，憂慮已不再盤據你的內心，而你也開始喜歡祈禱。當禱文從你的頭腦落到心坎，成為你存在的中心時，你就會發現它的醫治力量。

Here and Now, pp. 90～91

◎一無所缺

反覆默想一段眾人皆知的禱文，為何可以幫助我們思念神的事呢？因為這些禱文能將我們內心的焦慮，轉化為平安。

有一段很長的時間，我經常這樣祈禱：「耶和華是我的牧者，我必不至缺乏。他使我躺臥在青草地上，領我在可安歇的水邊。他使我的靈魂甦醒，為自己的名引導我走義路。」我總會花上半個小時，坐在椅子上專注思想這些禱文。我不僅在早上，並且還在一天之中進出忙碌之時，以及在做例行公事之際這樣子祈禱。禱辭的內容，和我的實際生活有著強烈的對比。我想要許多東西；我眼中所見，盡是擁擠的道路和醜陋的購物中心；如果能找到一條可以順著河邊漫步的小河，河水也多半混濁不清。然而，只要我不斷地說：「神是我的牧者……」，讓神那牧者心腸的愛更加充滿我心時，我就不再介意擁擠的道路、醜陋的購物中心和污濁的水流了。我知道，我並不屬於任何國家或任何權勢。我屬於那知其所牧、也為所牧者知的好牧者。在我的神、我的牧者面前，我一無所缺。祂將使我的心靈得到安歇，並且把我從深淵中拉出來。

許多世紀以來，成千上萬的人都用過同樣的禱文禱告，並且從其中得到安慰。我用這些禱辭祈禱時，並不孤單。我被許多人圍繞著，這些人有男有女，有的近在咫尺，有的遠在天邊；有的活著，有的死了不久，或是很久以前已死，他們和我在一同祈禱。我知道，這些禱辭在我死後，還會繼續地被頌唱著，直到世界終末。

這些禱文進入我愈深，我愈能成為神的子民，也明白何謂在世而不屬世。

Here and Now, pp. 91～93

◎傾聽神愛的聲音

我們一生中最悲哀的事，就是忘記自己是誰，並且浪費許多時間和精力去證明不需證明的東西。我們是神所愛的兒女，但不是因為我們證明自己值得為神所愛，而是神白白地揀選了我們。我們很難與我們的真我連結，因為那些想攫取我們的金錢、時間、精神的人，從我們的不安全感和恐懼所獲得的，較從我們的內在自由中多。

故此，我們需要操練不斷在真理上生活和抗拒外界的誘惑。不論我們是在甚麼地方，總會聽到某些聲音，催促著我們說：「到這兒來、到那兒去、買這個、買那個、認識他、還有她、別錯過這個、別錯過那個等等。」這些聲音不斷地把那在我們心中柔聲說「你是我所愛的，我喜悦你」的聲音淹沒。

祈禱是傾聽那愛的聲音的操練。耶穌在許多黑夜中祈禱，傾聽那曾經在約旦河和祂說話的聲音。我們也該祈禱。若不祈禱，我們便無法聽到那愛的聲音，並會在那些爭著要得到我們注意的聲音中迷失自己。這是何其難！當我們靜坐半小時——沒有和人談話、不聽音樂、不看電視也不看書——然後嘗試安靜下來，往往就會發現自己心中雜念難除，無法專心靜坐，於是等不及又想去做別的事。我們的內心世界，經常可用爬滿猴子的香蕉樹來形容！可是，只要我們決定不逃避，繼續專注神，不理會這些活蹦亂跳的猴子，牠們便會因為得不到我們的注意力，一個接一個地離開，我們便可聽到那可愛的聲音了。耶穌經常在晚上祈禱。「夜晚」不僅指沒有太陽的時候，還意味著靈魂的黑夜。在靈魂的黑夜裏，沒有亮光。忠誠是那麼困難的原因，就在於此。神大過我們的心思、意念……遠超過所有的感受和思想。

Here and Now, pp. 136～137

* * *

澆灌神的同在

我所說的專注，意思是專心留意日復日、年復年臨到你的祝福。現代生活的弊病就是太忙碌(朝錯誤的方向尋求認可？)，以致叫我們看不到自己是蒙祝福的。

《活出有愛的生命》，頁34

◎道成肉身的奧祕

我認為，我們很少思考過道成肉身的多重意義。神在哪裏？當我們軟弱、乏力、卑微、想找依靠的時候，祂就在我們身邊。祂與貧窮、飢餓、傷殘、智障、衰老、無助的人在一起。如果我們把眼光放在成就、地位、權力上，怎麼會認識祂呢？我愈來愈相信，我們的信心取決於我們是否願意走到充滿破碎、寂寞、需求的地方。如果教會有將來的話，將來應繫於貧困上，無論這種貧困是以甚麼形式出現。我們每一個人都很認真地嘗試緊守這種信念去活、去成長，並靠著友誼互相扶持。我發現，要在俗世之中活得有力，就要跟我們內心和其他人內心的那位卑微而脆弱的嬰孩緊密相處。我們通常不知道弱小的嬰孩基督就在我們的內心深處，我們只有找到祂，才能得到真正的喜樂。

《安息日誌——冬之旅》，頁72～73

◎所需要的就在此時此地

耶穌說：「這世代是一個邪惡的世代。他們求看神蹟……」(路十一29) 其實，我們所求的，就在我們眼前，在某種程度上，我們並不十足地相信我們的神是今在的神，祂就在我們身邊跟我們對話。「這是耶和華所定的日子。」當尼尼微人聽到約拿的宣告時，就悔改，回到神身邊。今天，我們能聽到神跟我們說的話，並像尼尼微人那樣悔改嗎？這是很簡單而重要的信息：不要等到明天才回心轉意。現在就是最好的時機！

在我起居室圍桌而坐的人聽著經文的信息，都很雀躍。我們一起體會神的同在，聆聽神的話語，並擘餅喝杯。這是救贖的時刻，是神在我們當中顯現的時刻。我們所需要的就在**此時此地**之中。

在座有一位女子以前從沒來過我們這裏參加聖餐儀式，她深受經文的信息感動。她一直陷於煙海之中不能自拔，受著痛苦、抑鬱的煎熬。她說：「我簡直不敢相信，你所說的每一句話都刺進我心裏。這肯定不是純屬巧合，一定是神把我召喚到這裏聽這個信息。」

《安息日誌——冬之旅》，頁193～194

◎為他人祝福

雖然主持過不少婚禮，每次總感到緊張不安。因有太多細節要顧及，婚禮未完，難於安心。

典禮於二時舉行，美麗而歡樂。約翰福音有關彼此相愛的大誡命提示我講論關懷：關懷一己之心，關懷對方，以及關懷別人。

領餅時，我請各人前來領餅或接受祝福鼓勵。很多人來接受祝福，也有不少領過餅的人之後來要我祝福。因此下午我不斷為許多人祝福。我發覺奉主的名所說安慰、鼓舞、激勵的話，就是簡單一句，也能深深打動人。

婚宴堂而皇之。午夜時我已累透了，我離開了翩然起舞的人羣，高興可以好好的睡一覺。

《安息日誌——春夏之旅》，頁250

◎花時間聆聽

經過數年前的意外，經歷過死亡後帶來的平安，對那些探望我的人，我感到自己可以無拘無束地歡迎他們，並願意花時間與他們相聚。其中一樣叫我最為驚訝的是在探訪我的人當中，有不少人向我說：「亨利，你病倒時倒比健康時是一個更好的牧者！你終於願意花時間聆聽。你不再被其他事情充塞著腦袋。你不再瘋狂，要把事情一件一件趕快完成，你比以前輕鬆、愉快得多！你現在所說的話很有幫助。我們確實享受這些探訪！」

我今年六十三歲，非常意識到死亡對我而言只不過幾年的問題。因此，我意識到我的衰老正是時候讓我思想通往更豐盛生命的道路。我盼望能為即將要完結的生命感恩，也因預期能把自己愛的精神給所珍愛的人而感恩。我覺得有需要談論死亡，但並非沉鬱地，而是公開地談論死亡，並邀請我的羣體、家人、和朋友與我一起走這路，直到我在世的生命結束。我想與自己的死亡做朋友。

《尋找回家路》，頁114～115

◎新生命藏於瞬間

一個新的開始！我們必須學習將每一天、每一小時、每一分鐘都當作是一個新的開始，也是能更新一切的獨特機會。試想像我們能把每一刻都看作是孕育著新契機的一刻。試想像我們能把每一天都當作是充滿了應許的一天。試想像我們在新的一年裏不斷地聽到一個聲音，對我們說：「我想給你禮物，真是急不及待了！」試想像吧。

我們真的能經由想像去認識真理？是的，這是可以的！問題是，我們總是讓我們的過去，那隨著歲月增長愈來愈厚的過去來告訴我們：「你甚麼都知道了，還有甚麼沒見過呢？接受現實吧；未來只是過去的重複吧了，苟且偷生吧。」許多狡猾的狐狸常會爬到我們肩頭，在我們耳邊說：「日光之下無新事……別做傻瓜啊！」

假如我們真的相信這些狐狸的話，那麼牠們的話便會成真：我們的新年、新的一天、新的一刻，就會變得平淡、枯槁、沒有新意。

那麼，我們該怎樣做呢？首先，我們得把那些狐狸趕回屬於牠們的狐狸洞裏去。然後，我們的心門敞開，聆聽那不論我們在低谷或高山時都不斷的聲音：「我又看見聖城新耶路撒冷由神那裏從天而降，預備好了，就如新婦妝飾整齊，等候丈夫。我聽見有大聲音從寶座出來說：『看哪，神的帳幕在人間。他要與人同住，他們要作他的子民。神要親自與他們同在，作他們的神。神要擦去他們一切的眼淚；不再有死亡，也不再有悲哀、哭號、疼痛，因為以前的事都過去了。』坐寶座的說：

『看哪，我將一切都更新了！』又說：『你要寫上；因這些話是可信的，是真實的。』」(啟二十一2～5)

我們必須仔細聆聽那聲音，而每次選擇傾聽後，總會讓我們發現藏於瞬間、等待要誕生的新生命。

Here and Now, pp. 16～17

◎再沒有「應然」和「如果」

活在當下是不容易的。過去與未來不斷地在我們心中，纏繞著我們。過去帶著內疚，未來滿有憂慮。許多過去發生過的事，叫我們感到不安、後悔、憤怒及混亂，或至少讓我們不知適從。這些感受常摻內疚。內疚會說：「你該當這樣做，而不是那樣做的；你該是這樣說，而不是那樣說的。」這些該如何如何的假設，不斷讓我們對過去感到內疚，也攔阻了我們全然活在當下。

然而，比我們對過去的內疚更糟糕的是，我們對未來的憂慮。憂慮在我們的生活中填滿了「如果……」的想法：「如果我失去了工作、如果父親去世了、如果我們的錢不夠用、如果經濟走下坡、如果戰爭爆發……」這許多「如果」假如充塞在我們腦中，我們便看不見園中的鮮花、在街上歡笑的小孩，也聽不見一個朋友對我們說的感激之言。

我們生命的真正敵人，就是這些「應然」和「如果」。這一切把我們拉扯在無法改變的過去和無法預測的未來之間。然而，真正的生命是活在當下、此時此地。神是此刻的神，不論眼前的一刻是苦是樂、順境逆境，神都是在這一刻臨在的。當耶穌談到神時，祂所指的永遠都是此時此刻與我們同在的神。「當你看到我時就看到了神，當你聽見我時也就聽見了神。」神不是過去的神，也不是未來的神，而是此時此刻的神。為此，耶穌來到世上，替我們抹去對過去的包袱和對未來的憂慮。祂想我們就在當下發現神的臨在。

Here and Now, pp. 17～18

◎為別人慶祝生日

生日是值得慶祝的。我認為，慶祝生日比慶祝考試順利、職位晉升，甚或勝利都重要。由於為某人慶祝生日，就是告訴某人：「感謝有你的存在。」慶祝生日是頌揚生命，為生命而喜。我們在某人生日時不會說：「感謝你曾做的、說的或成就的。」反而，我們會說：「感謝你的出生，感謝你可以成為我們之間的一分子。」

當慶祝生日時，我們慶祝的是眼前的一刻。我們不會抱怨過去，也不會憂慮未來，我們只是注目某個人，讓所有人對他說：「我們愛你。」

我認識一位朋友，他在生日時被一羣朋友挾持到浴室，連衣帶褲地被丟進滿是水的浴缸裏。他的所有朋友，甚至他自己，每年都想過這樣的生日。我不知道這傳統來自何處，不過被人抬起，然後浸在水中，「再受洗」一次，可真是個不錯的慶祝方式！我們都知道，雖然我們受限於這塵世，可是在受造之初，我們卻都被賦予進入天堂的可能性，雖然我們容易受污，可是我們還是可以被洗淨，重獲新生的。

慶祝生日，讓我們記起了生命的美好，而且我們應該本著這種對生命禮讚的精神，每天替人慶祝生日，讓人知道你對他的感激、恩慈、饒恕、溫柔與關懷。這一切都在告訴他：「我很高興你能活著，我真開心你和我能同在這地上漫步。讓我們內心充滿喜樂吧。這一天應當歡喜快樂，那是神為我倆所造的一天。」

Here and Now, pp. 18～19

◎神尋找喜樂和歡笑

金錢與成功不能讓我們喜樂。事實上，許多成功而富有的人往往活在焦慮與害怕中，而且經常鬱鬱寡歡。相反地，許多極為貧窮的人卻容易開懷大笑，經常呈現喜樂。

我們若能全心信任神，不為明日憂愁，自然會有喜樂和歡笑。我常會覺得富人有的是錢，窮人有的則是時間。惟有在空閒時，我們才能慶賀生命。這並不是說，我們該把貧窮浪漫化，而是每當我看到許多有錢人在害怕與焦慮中生活時，不免想起耶穌說：「富人難進天國」。金錢與成功，並不是難進天國的原因；難題在於富人在日常生活裏，缺乏可以體驗神和欣賞人生的時間。

孩子們在一起玩，令我們可以體會到只是和別人一起時的喜樂。有一天，我正忙著採訪一位非常仰慕的畫家，她的五歲女兒告訴我：「我用沙子堆了一個生日蛋糕，你來看看好嗎？試試假裝吃幾口，你很喜歡那個蛋糕，那是很好玩的！」她的母親笑著對我說：「你還是先和她玩耍吧。或許她比我有更多的東西教你呢！」

小孩子那份簡單和直接的喜樂，提醒我們，神尋找著有微笑和歡笑聲的地方。微笑與歡笑聲開啟天國之門。因此耶穌要我們學像小孩子。

Here and Now, pp. 31～32

◎窮人的祝福

創立了遍及世界各處的智障羣體的加拿大人范尼雲，不止一次地指出，耶穌從來沒有說過：「為窮人服務的人是有福的」，而是「窮人是有福的」。

我想幫助人，想為那些需要幫助的人做點事，想安慰那些傷心的人，也想減輕那些受苦者的痛苦。我這樣的渴想沒有錯。那是高貴而充滿恩慈的。可是，除非我能明白，那些接受我幫助的人替我帶來了神的祝福，否則我給他們的幫助就會是短暫的，過不了多久，我的精力與熱情就會「消耗殆盡」。

雖然那些窮人接受了我們的照顧，但是生活素質每況愈下時，我們怎麼還有勁兒再繼續照顧他們呢？雖然那些病人有我們的照料，可是病情卻不見好轉時，我們又怎麼能毫不氣餒地繼續照顧他們呢？當那些垂死者的處境令我們感到憂傷時，我們又何來心情去安慰他們呢？答案是，這些人都給我們帶來了神的祝福，那是我們需要的祝福。照顧人者，首先要得到接受照顧者的祝福。這是怎樣的祝福呢？它能讓我們窺見神的面。看見神，就等於躋身天堂之中！我們可以在耶穌的臉上看到神，而耶穌的臉，就可從那些需要我們照顧者的臉上顯現。

有一次，我問范尼雲：「你從哪兒得那麼多精力，以致每天能接見這許多人，聽他們的問題和苦惱而不疲憊呢？」他以和藹的微笑，說道：「他們向我顯示了耶穌，帶給我生命。」這是基督徒服事的奧妙之處。那些為了耶穌而替窮人服務的人，將經由所服務的窮人，得到耶穌的餵養：「主人來了，看見僕人儆醒，那僕人就有福了。我實在告訴你們，主人必叫他們坐席，自己束上帶，進前伺候他們。」(路十二37)

我們多麼需要祝福。那些窮人正在等著祝福我們。

Here and Now, pp. 82～83

◎就在那裏

在醫院最後幾個星期裏，一個最能鼓舞生命的經歷就是家父、妹妹、朋友、羣體成員的探望。他們肯抽時間來，他們覺得這是重要的。他們坐近我牀邊，就是單單這樣在那裏坐著。尤其是那些嚴重弱智的，他們的探望特別感動我。亞當、熙詩和仕富坐輪椅來，他們沒有說甚麼，但是他們都誠心誠意，這正好提醒我，自己和他們都同樣被深深的愛著。似乎他們在告訴我，死亡關口那一次經歷是真實和可以信靠的，他們藉著靜默的同在向我說明，或許他們可以支持我忠於那次的經驗。當仕富來看我時，他在輪椅上跳動，當我擁抱他時，他吻遍了我的臉。他使這個情況回到起點，我本想去服事他，結果是他來接觸我，且好像在說：「不要擔心，有人替我洗了澡，但是留在我身旁，那麼你便不會失去在病牀上所學到的。」

《鏡外》，頁53～54

◎如同小孩

我已失去了大部分在醫院裏得著的平安和自由。我很後悔，甚至因而悲傷。我又再碰上一大堆人、很多計劃、諸多拉力。我永遠不夠時間和空間去完成一切，或是感到全然滿足。我已不再像在病中那般全神貫注，我真願我能……我渴望能夠重拾那光景，我和很多大忙人都有這個渴望。

仕富和世上所有軟弱破碎的人並不需要去證明自己的能力，也不用達成甚麼目標，因此，他們是上天賜給我的，好把我喚回，一次又一次的，回到我昔日領悟真理的所在。他們不用達致甚麼成就，不用守護甚麼專業，不用高舉甚麼名聲。他們永遠都需要悉心看護，永遠要倚靠人，永遠處於死亡關口。他們能夠帶領我接觸到，且叫我靠近內在與他們相似的地方——軟弱、破碎、完全依賴別人。這就是真正心靈貧乏的地步，這就是神稱我為有福的那個地步，也是祂向我說「不要害怕，你是我所愛的孩子，我喜悅你」的地步。

耶穌的話不斷提醒我：「你們若不回轉，變成小孩子的樣式，斷不得進天國。」(太十八2～3) 我領悟到，最少有一段時期，那次意外令我變得像個小孩子，並且讓我短暫地得嘗天國的滋味。如今，所有引誘我脱離童真的誘惑都回來了。有些朋友覺得我在病中比較復元後還能付出更多，我也不覺得驚奇。不過，我不能等候下一次意外的到來，再次指引我轉向天國。我只要張開眼睛，對準所處的世界，察看那些能夠一而再地幫助我變成小孩子的人。我十分肯定，這次意外只不過是一個簡單的提醒，要我認清自己是誰，以及認清自己蒙召，是要成為一個甚麼樣的人。

《鏡外》，頁54～55

破碎

Break

我們的破碎是那麼明顯、那麼確鑿、那麼實在、那麼具體，真令人難以想像我們的人生除了破碎之外，還有甚麼可以思想、討論或書寫的。

《活出有愛的生命》，頁38

亨利作為蒙揀選和蒙祝福的一個人，他亦因心靈上的傷痕、身體上的限制和情感上的需要而被破碎過。他對心理學和靈修學的特殊興趣，部分原因始於他那份與生俱來對別人的敏感，而他個人在情感上的痛苦亦燃亮了這份鍾愛。當亨利四十歲時，他開始在寫作和演講中分享自己的痛苦與喜樂。當他寫《負傷的治療者》(*The Wounded Healer*) 時，他清晰地表達出一個人能深受痛苦的屬靈能耐與其被呼召去關懷別人兩者的關係。受苦與個人的傷痛並不會削弱一個人事奉的資格。亨利說：最重要是讓我們的「傷痛成為醫治他人的泉源」。

後來亨利在黎明之家繼續寫作：「經過十年跟智障人士和他們的助手相處，我終於深深地意識到自己充滿憂傷的心。我記得曾經說過：『明年我最終會能整合自己』；又說過『當我更成熟時，這些內心的黑暗就會消散』；又說過『年歲會減低我在情感上的需要』。但是現在我知道，我的憂傷是屬於我自己的，它們不會離我而去。而事實上，我知道它們都是很久遠和很深的。」[36]

實際上，亨利感到絕望的情緒侵襲從來都沒有完全消散過。在黎明之家的日子同時加劇與緩和了他的情感痛苦。亨利獨居了大半生，亦習慣了別人對自己的特別厚待，他現在卻要準時出席晚膳和分擔瑣碎的家庭雜務。在第一個年頭裏，亨利被指派照顧亞當．阿內特（Adam Arnett）。二十五歲的亞當不能說話，在沒有協助下亦不能活動。亞當的身體被經常性劇烈的抽搐折磨著，而每天他需要被長時間的照顧。亨利每天要履行一連串費力的日常工作：早上七時喚醒亞當，替他更衣，陪伴他到洗手間，為他煮食物、餵他、幫他刷牙、幫他穿上外衣、把他安坐在輪椅上，亦要為他進行一整天的治療與為社羣活動作好準備。許多時候，亞當的抽搐發作後，他被規定要小睡片刻，而醒來後大部分的那些日常程序都要重複一次。

亨利——一個守獨身的牧者，一個能敞開自己心靈的人，承認自己有著可怕的身體上的限制和與人建立親密關係的需要。因著對所屬社羣的委身，而被逼成為一個要溫柔地照顧著一個身體嚴重殘障人士的最深摯需要。亨利並非未能察覺這種張力。他曾問及亞當的父母：「我是否把事情浪漫化了，是否把完全不美的看作美？是否把我潛藏心裏要當父親的需要，投射在一個嚴重智障的人身上？我是否把本質上不健康的狀況靈意化了？結合我知性上和心理上的知識，我能夠提出這些問題。」[37]亞當的父母深信不疑地向亨利保證，他在亞當身上所學到的，在亞當未搬到黎明之家之前，他們在跟他相處時同樣經驗過。

亨利開始被亞當所信服。亞當靜靜聆聽，並向亨利顯明，一個縱使被破碎身軀包裹著的一顆愛心所能作的。

亨利寫道：「他那顆那麼透明的心，不單向我反映他這個人，也反映宇宙的心及神的心。我經過多年學習、研究及教授神學後，亞當進入我的生命，以他的生命及他的心靈向我宣告及總結我所學過的一切。」[38]

亨利寫道：「亞當的奧祕在於他的心智和身體都有嚴重的破碎；人一切的驕傲，亞當都沒有。亞當成了合神心意的中介，神就把祂首先的愛灌注於亞當的內心……由亞當的那顆破碎的心湧流出來的平安並不屬於這個世界。」[39]

在黎明之家，亨利卸下他的保護盔甲。當他向他的一大羣讀者和支持者坦誠自己的軟弱時，他廣闊的胸襟、經常性的出門和活動，很多時都能暫時幫他抽離痛苦。他有很多很多朋友，但現在卻要天天對著同一班人。慢下來俯就與一些非常脆弱的人同住，令他更察覺自己「不易給看見的殘障」。這些發現大部分都是好的。闊別亨利多年的人都覺得他沒有以往那麼狂熱，多了一份平安。可是，亨利卻太過依重在黎明之家的一位工作人員去面對自己的傷痛，而最終那位成員覺得亨利那極大的情感需要令他吃不消。這個短暫卻具毀滅性的拒絕令亨利陷入一段時期的情緒崩潰。由於亨利不能在一個羣體中正常生活，在一九八七年他搬離黎明之家，到一個位於溫尼伯 (Winnipeg) 的靜修中心住了六個月。在那裏，跟治療師每天的靈修分享與療程，針對性地處理他對被擁抱和肯定的深層性需要。亨利回到黎明之家後，重投羣體生活，經過一段時間以後，亦重建他的人際關係。他慢慢重投社羣牧者的崗位，同時亦恢復了寫作和演講的工作。在那個時期興建黎明教堂 (Dayspring Chapel) 的計劃萌芽，目的是建造一所靜修中心和小教堂，讓黎明之家作為一個跨宗教團體人士休息的地方，亦可滿足許多遠度而來，希望有時間與亨利獨處的朝聖者。

一九九五至一九九六年是亨利在七個忙碌年頭過後的安息年。當他得知亞當垂危，他便趕回去。他不能停止凝視亞當死時的那張安詳的臉。今日，亨利與亞當兩人的照片，在黎明教堂中並列地掛在一起。他們二人雖死猶生，在那裏繼續跳動著黎明之家的脈搏。

當你閱讀這個部分的第一小分類時——「與你的破碎為友」，若你發現心跳加速、雙眼紅了，或是感到焦慮，請停下來。大多數人都被教導去逃避破碎、掩蓋傷痛、否認孤單。亨利卻提供了一個另類的邀請：擁抱你的軟弱，並且讓它指教你。停下來去深呼吸和禱告。倘若你的心靈被攪動，你也許需要停下來去寫些東西，或是找朋友傾訴。這將會是一個很好的起步。亨利的生命正好告訴我們，我們是多麼的需要對方。

第二個小分類——「化破碎為祝福」向你發出一個挑戰，就是從你的破碎的心中尋找平安。在你啟程之前，聽聽亨利在破碎中找出平安的禱文吧，它有助你在個人的破碎中找到平安：「我要以亞當的名義向你說：要擁有這許多人都還不認識的和平，要讓這和平屬於你。我說要擁有這和平，因為你內心有了這和平，就會有新的眼睛可看、新的耳朵可聽，而逐漸地，你會在最意想不到會有和平的人和地方中間，認出同樣的和平。」[40]

麗貝卡．萊爾德

＊　＊　＊

與你的破碎為友

我們要如何回應這破碎？……第一，與它友好。

《活出有愛的生命》，頁43

◎為甚麼我這麼疲倦？

為甚麼我會這麼疲倦？儘管我已睡個夠、睡個痛快，但醒來時仍擺脱不了一種極其疲軟的感覺，起牀只是因為我想做些事情。我感到極度洩氣。只不過是想寫些東西、讀些文字、回應一下別人的請求，但一切都需要無比的精力。每當工作了幾小時後，整個人就會疲頓不堪、全然倒下，老是墮入深不見底的夢鄉。我預期自己在忙得不可開交的暑假過後會身心疲困，卻沒料到經過如斯寧靜的十天後，愈休息就愈感疲乏無力，彷彿一切都沒完沒了似的。

疲勞是奇怪的東西。長久以來，我只要把它拒諸門外，不加理會，就可以機械性地繼續工作，特別是當有很多日常工作等著要做時，更是這樣。然而，當最終能騰出時間和空間，做一些全新的、蠻有創意的事情時，一切壓抑已久的疲憊卻遽然湧至，有如河水泛濫般把我淹沒，使我整個人都癱瘓了。

對於自己的時間，我有頗強的支配意識。我很想善用一分一秒，實踐一些渴想已久的計劃。我很難忍受虛耗光陰：縱然我想寫一些關於把時間揮霍在神、朋友、貧苦人身上的事情。我本身就是這樣一個充滿矛盾的人！

漢斯 (Hans) 不時取笑我：「你來這裏是為了休息，為了關掉忙碌的按鈕，可是你度假的方式就像在幹一番大業一樣！」他說得對，不過能察看得到與能實踐出來之間有極大的距離呢！

對我來說，真正的問題是：如何活出一己的疲勞，使它化成一種使靈魂邁進更深處的經歷？如何以忍耐的心活出它，從而充分體驗它帶來的苦楚與疼痛？

我並不是世上惟一感到疲軟乏勁的人。我走在繁囂的多倫多市時，不難發現來去匆匆的男男女女總是掛著一臉臉的倦容。他們看來心事重重的，不是記掛著家庭、工作，就是數算著日落前必須完成的種種事情。我觀看電視的新聞廣播節目時，鏡頭下的波斯尼亞、盧旺達和許多戰亂地區的臉容告訴我，全人類都是倦兮兮的，不僅是疲乏困倦，甚至是精疲力竭。

我得把一己的小疲累跟全人類的大疲困連起來看。我們是疲乏一族類，背負著一個叫我們疲憊不堪的擔子。耶穌說：「凡勞苦擔重擔的人，可以到我這裏來。你們當負我的軛——這也是全世界的軛——然後你會發現我的軛是容易的，我的擔子是輕省的。」叫我深深感動的是，耶穌說的不是：「我會把你的擔子挪開」，而是：「當負神的軛」。

那麼，神的擔子是甚麼呢？我感到疲累，究竟是否因為我不能把想做的事辦妥這般簡單，還是因為我背負著一些比我偉大的事情，一些賜了給我好叫我能減輕別人的擔子的事情？

《安息日誌——秋之旅》，頁37～39

◎被遺棄的感覺

被遺棄的感覺常常俯臥身邊，一不留神，它又急速地冒出頭來，不時把我嚇倒。昨天，在我內心的最深處，又浮現這種討厭的感覺。只不過是一種原始的焦慮、表面上跟任何事情都沒有關係。我不斷地問自己：「你為甚麼這樣焦躁？你為甚麼這樣掛慮？你為甚麼這樣局促不安？為甚麼你有這樣強烈的孤單、被遺棄的感覺？」

我致電內森，在他的電話信箱中留下口信。他很快回電，並說黃昏時分會再打電話給我，好讓我們有充裕的時間聊天。

談話消釋了盤纏內心的焦慮，我又重新感到平靜了。沒有人能醫治這個傷口；不過如果能跟好朋友談談它，我便會較為釋然。

這個內在的傷口很容易就會給觸碰。然後又再汩汩的流血，我該如何面對它呢？一個多麼熟悉的傷口！多年來一直默默相隨。我不相信這個傷口——這種極度需要愛的感覺、這種極度懼怕被拒絕的感覺——會有一天離我而去。它就是這樣如影隨形的伴著我，說不定是基於美好的原因呢。也許，它是通往拯救的窄路、走向榮耀的狹道、邁進自由的險徑！

我意識到我這個傷口貌似痛苦的根源，實際上是上主的恩賜。種種短促而激烈的被遺棄經歷把我帶到一個獨特的地方。在那裏，我學習到如何釋放內心的恐懼，把靈魂完全降服在那位以無限的心接納我們的祂的手中。我深深感激內森和其他摯友。他們認識我，又樂於包紮我的傷口。在他們的愛護下，我不但無須流血至死，而且還能昂首闊步，把生命的豐盛全然活出來。

《安息日誌——秋之旅》，頁71～72

◎我覺得孤獨

今天仍然很難過。我覺得孤獨、抑鬱、無精打采，大部分時間花在一些瑣碎的事情上，跟我糾纏多年的老毛病又回來了，而且好像永遠揮之不去。

我花了一些時間安裝昨天送來的傳真機。我按説明書的指示進行安裝，竟然可以令它正常運作！我開車去了皮帕克十哩之外的小鎮弗蘭德斯(Flanders)，到文具店購買適用的傳真紙。

我發現自己忙來忙去，實際上是想躲避抑鬱的困擾。但此法不通，我還要加倍祈禱。我知道自己只是需要安躺在神的懷裏，向祂展示我的陰暗面。然而，我的內心卻在唱反調。無論怎樣，我知道這是我惟一的出路。

一些充滿關切的來信給我帶來了一線光明。

主啊，請救我、陪我、安慰我，揮走我心中的陰霾。

《安息日誌——冬之旅》，頁153

◎活在黑暗的地方

度過了二十年的學院生活，教授牧養心理學、牧養神學、基督徒靈修學，我開始受到一種內心的威脅。我已五十歲了，發現自己的歲數不大可能再次倍增，我要面對一條很簡單的問題：「我年紀愈大，是否愈接近耶穌？」當了牧者二十五年了，發覺自己的禱告生活很差，現實生活似乎又疏離人羣，滿腦子都是急待解決的問題。每一個人都說我真的做得很好，可是我內心卻有聲音告訴我，我的成就使我的靈魂陷入險境。於是我開始問自己，缺少默觀式的祈禱、寂寞、經常忙於處理要事，是否顯示神的靈被壓住了，我實在模糊不清。除了說笑以外，我雖然從來沒有提過地獄，可是當我有一天醒來，卻發現自己活在黑暗的地方，那時心理學上的「透支」正好是「心靈死亡」一個很貼切的代名詞。

與此同時，我不斷的禱告說：「主，求你指示我要去的地方，我必定跟隨你，但請你清楚地告訴我，不要含糊！」神真的如此應允了我。服事弱智人士的方舟團體創辦人是范尼雲，神對他說：「去，與心靈貧乏的人同住，他們會醫治你。」這個召喚對我也十分清楚明確，我別無選擇，只好遵從。所以我要從哈佛大學跑到方舟團體來；由最崇高、最顯赫、想要統治全世界的地方，來到這一羣只懂片言隻字、社會認為是邊緣的人當中。

《奉耶穌的名》，頁15～16

◎當你心如刀割時

以神的眼光來看生命，實在不容易。最近，我的好朋友喬納斯致電給我，他以哽咽的聲音向我哭訴，他那剛出世的女兒麗貝卡，只活了四個小時就去世了。喬納斯和他的太太瑪格麗特(Margaret)，還有他們年幼的兒子塞繆爾(Samuel)，曾熱切地盼望這個嬰兒的到來。她是一個早產兒，原來以為可以養活的，但最後還是夭折了。喬納斯替麗貝卡受洗了；他和瑪格麗特合抱著她一會兒，然後一切就這麼結束了。

喬納斯說：「當我駕著車子離開醫院時，不住地對神說：『親愛的神啊！你給了我麗貝卡，現在我把她還給你了。』想到美好的將來就這麼結束了，我的心痛苦萬分，深感空洞的感覺。」

我對喬納斯說：「麗貝卡永遠是你和瑪格麗特的女兒，雖然你們只擁有過她數小時，但那幾個小時卻不是徒然的。請相信塞繆爾有個妹妹，而瑪格麗特和你有個永居於神懷抱中的女兒吧。正如當年你、瑪格麗特和塞繆爾被人以十字聖號迎入人世般，你也替她劃上了十字聖號，因著這個十字聖號，縱使你心如刀割，你的愛將會更深更廣。」

我們在電話上談了很久。我們真想見個面，抱頭痛哭，真的想與對方一起，在彼此的情誼中找到安慰。

這事為何會發生？是為了要顯明神的榮耀嗎？當一

個人活在全然的黑暗時，很難說「是」。

我注視著馬利亞將耶穌的屍體抱在懷裏的畫像。想著瑪格麗特和喬納斯把麗貝卡合抱在懷中，不禁開始禱告起來。

Here and Now, pp. 80～81

◎體驗的都是破碎與分離

最近，有人向我說：「在你還沒有痊癒那段日子裏，你整個人的心神是集中的，很多來探望你的人都感到你身上有一種平安；但是自從你康復後，你又再擔起眾多事務，以前的忐忑、舊時的焦躁，大都又跑回來了。」我必須十分著意聆聽這番說話。正當我們這緊張的社會之種種需索又來諸多騷擾時，昔日那如許真實有力的鏡外一瞥，是否已不能令我注目於神呢？我能夠堅守著醫院那次經歷的真理嗎？

驟眼看來，好像很不可能。我所體驗的都是破碎與分離，我如何去繼續相信神的愛裏有聯合復原的能力呢？我今天所處的世界看來已經不再是那片肥沃的土壤、那片恩典的種籽可以茁長結果的土壤。眼看著推土機在四圍摧毀美麗的田園，預備在上面建築房屋，而一排排的像停車間的車輛泊在一起，由此我便知道，獨處、靜默和禱告已經如鹿兒奔逃了。空氣中似乎充斥著爭競、野心、敵對，以及一股對權勢名譽強烈欲求的氣息。與城市「發展」形成的混亂比較，深切治療病房內圍著欄的牀、約克中央醫院五樓那張牀，就顯得似乎既安全又神聖。

然而還有我自己那個羣體，那個屬於弱智人士和他們的輔助者的羣體，他們又如何？不知為何，我知道他們能夠使不可能的變成可能。因為，在這個充斥著權力欲的環境裏，我的羣體卻存著這許多軟弱和脆弱，以致神不斷提醒我們那愛，即在死亡關口向我展示的愛。

《鏡外》，頁52～53

＊　＊　＊

化破碎為祝福

我們要如何回應這破碎？……第二，把它放在祝福裏。

《活出有愛的生命》，頁43

◎破杯

我現在給你寫我們的破碎時，想起倫納德．伯恩斯坦為紀念約翰．甘迺迪所寫的音樂劇《彌撒樂曲》(*Mass*)中的一幕，這齣音樂劇讓我體會將破碎放在祝福裏的意思。音樂劇的末了，神父穿著隆重的禮袍被人抬起。他手中拿著一個聖餐杯，被高舉在愛慕他的人羣之上。突然，由人組成的金字塔倒塌，神父墜下，禮袍被撕破，聖餐杯掉到地上粉碎。當他慢慢地走過昔日榮耀所留下的碎片時——赤著腳，只穿藍色的牛仔褲和運動衫——兒童們唱著「讚美，讚美，讚美」的歌聲不絕於耳。忽然間神父注意到破碎的聖餐杯，他注視了好久，遲疑不決的說：「我從來沒發現破碎的玻璃可以如此閃亮耀眼。」

我永遠不會忘記這句話，……它捕捉了你我生命中的不解之謎。

《活出有愛的生命》，頁49～50

◎主信實的同在

早上領聖餐時我們談到神的約。神說：「我是你的神，縱然你失信於我，我仍以信實待你。」人的歷史表明了神的信實，神渴慕跟人相親的心與時俱增。最初神維護我們，是我們的保障和盾牌。之後耶穌來了，神則與我們同在，是我們的同伴和朋友。最後耶穌差祂的聖靈來，向我們揭示了神住在我們的心中，是我們的呼吸和心跳。

我們的生命充滿了破碎的事——破碎的關係、破碎的約誓、破碎的期望。若非再三回歸到神信實的同在中，我們又如何能面對破碎的生命而不怨天尤人呢？沒有這歸宿，我們的行旅就容易墮入黑暗和絕望中。但有了這安全可靠的家，我們就可更新信仰，相信生命的挫折可推動我們和立約的神扣得更緊。

內森和我逛了一會。其餘的時間我們就坐在桌前寫作。晚上七時我們去了佩吉家享用晚飯，佩吉照例談笑風生。她很想多認識內森，內森也樂意分享自己的生活、召命和對方舟團體的深愛。我看見一段美麗的友情正在展開。真是賞心樂事。

《安息日誌——春夏之旅》，頁39～40

◎從軟弱中看見耶穌的和平

請將眼目放在和平之子身上，祂沒有緊抓住神的能力；祂不肯變石頭為食物，不肯從高處躍下，不肯用權勢統治；祂說「虛心的人、溫柔的人、哀慟的人，和飢渴慕義的人有福了，憐憫人的人、清心的人、使人和睦的人，和為義受逼迫的人有福了。」(參太五3～11) 要將眼光看著這一位，看祂觸摸癇腿的、殘廢的和瞎眼的人；看祂說出寬恕和鼓勵的話；看祂獨自受死，被棄絕，被藐視。將眼目放在祂身上，看祂怎樣與貧窮人一同貧窮，與軟弱人一同軟弱，與被棄絕的人一同被棄絕。這一位，就是耶穌，祂是一切和平的源頭。

在哪裏可以找著祂的和平呢？答案叫人驚訝，卻十分清楚：在軟弱之中。很少人能告訴我們這個真理，但和平確實可以在我們自己的軟弱之中找到，也就是我們內心感到最破碎、最缺乏安全感、最痛苦、最害怕的地方。為甚麼會在這樣的地方呢？因為在軟弱中，我們所熟悉的、一向用以控制和操控這個世界的方法通通會被剝去，我們被迫放手，不再多做事、多思考，不再單靠自己。正正就在我們這最脆弱的地方，奧妙地暗藏著那不屬於這個世界的和平。

《尋找回家路》，頁56～57

◎通往自由之路

其中一個對於你我最基本的要求，就是要發現我們的生活不過是一連串的遷移或途徑。出生之時，我們離開母腹，進到這更大、更光明的家。一切都改變了，不能回頭。上學呢，我們離開家庭和家人，進到一個更大的羣體，我們的生命只會擴張。之後我們的孩子長大，為了爭取更多的空間和自由，他們離開了，我們生命的意義也就少了。一切都在改變。我們會老，或者退休，或者失業，然後所有事情又改變了。我們彷彿常常要由一個階段進到另一個階段，得著和失去一些人、一些地方、一些事。

你會走過這些路，身處的環境時常誘使你以憎恨、忿怒，和被遺棄的感受摧毀自己。你所失去的不時提醒你，一切都不完美，且往往會事與願違；或者你曾希望事情不用那麼痛苦，但事實卻是如此；或者你對某些關係有期望，但那些期望永不會實現。生命中有無可避免的損失——你的健康、愛情、工作、希望、理想，損失使你迷惘。你整個人生都充滿損失，無止境的損失。每有損失，我們都要作出選擇。面對損失，你可以選擇一條通往忿怒、埋怨、憎恨、沮喪、怨懟的道路，你也可以選擇叫這些損失成為通往更新、更廣闊、更深邃的事情的道路。問題不是我們應怎樣避免損失，讓它不會發生，而是怎樣選擇叫損失成為道路，帶領我們離開現狀，到更美好的生命和自由中。

《尋找回家路》，頁100～101

◎脆弱與敞開

我們身處的文化是以成就和生產力來衡量個人的價值。你有怎樣的職銜？賺到多少錢？有多少個朋友？有甚麼成就？你有多忙？兒女做甚麼工作？但我們必須緊記，隨著年紀漸長，獲得成就的能力就逐漸降低。我們會失去職銜、失去朋友、失去成就、失去做事能力，因為我們開始感到自己更加軟弱、更加脆弱、更加依賴。如果我們不斷以成就來衡量自己，就會知道自己沒有優勢！因著我們濃烈的文化氛圍，要從正面而非負面的角度去看待脆弱實在是一大挑戰。我們是否敢於視自己的軟弱為結果子的機會？屬靈生命的豐碩果實是關於愛，與成就或生產力大不相同。

當記得有趣的一點，果子通常是脆弱的結果。兩個人在親密之中、彼此顯露脆弱之時，小生命才得以成孕。當人彼此坦誠，互相同情，敞開自己的過失和軟弱時，平安與復和才臨到。種子落在翻過的土地裏才會結果。因此，現在就應開始改變思想，這才是睿智。我們想不再爭取成就，轉而渴想果子豐碩的生命。

耶穌死在十架時，祂是完全的軟弱。祂一無所有。祂的一切都被奪去，包括祂的尊嚴，而以當時的社會文化看來，祂是個失敗者。但真相卻是，耶穌在十字架上斷氣那一刻，才是祂一生中最偉大的時刻，因為在那一刻，祂的生命是歷世以來最豐碩的。耶穌看自己的生與死都是果實纍纍的。「我去是與你們有益的。我必差遣聖靈到你們那裏。」

《尋找回家路》，頁105～106

◎一個讓你歡欣的地方

擁抱痛苦，相信它能領我們到一個新的人生境界，著實不容易。無論如何，有些經驗是可以闡明這個耶穌給我們的真理的。讓我們看看其中一個。

許多年前，我的一位朋友的丈夫鮑勃猝死於心臟病。我的朋友決定不讓她的一對年幼子女去參加葬禮。她認為：「目睹自己的父親下葬，讓他們無法承受。」

鮑勃死後多年，那墓園對她的孩子而言，一直是可怕又危險的地方。然後，有一天，我的朋友邀我一起去掃墓，也邀了她的孩子。她的大女兒由於害怕，而不願與我們一起去，倒是她的小兒子決定與我們同行。到達鮑勃的墓地後，我們三人盤腿坐在墓旁草地上，墓碑上刻著：「一位善良和溫柔的人。」當我們坐下時，忍不住懷念起鮑勃來。

我說：「也許找一天我們應該來此野餐吧。……這不僅是個讓人想到死亡的地方，也是個慶賀生命的地方。我想，鮑勃會因為我們能在他的墓地上找到勇氣重新生活，從而感到榮幸。」在墓地上野餐，這主意初聽之下甚是奇怪。可是，這不正是耶穌交付祂的門徒，而且祂要他們以分享餅和酒來懷念祂的嗎？

幾天之後，我的朋友帶著她的大女兒去了墓地。她年幼的兒子說服了姊姊，其實墓地沒有甚麼值得害怕。

現在他們常訪墓地，一起談論鮑勃生前的事。鮑勃不再是個陌生人了。他已成為他們的一位新朋友，並且在他的墓地上野餐，成為大家的期待……至少在無人注意的情況下。

痛苦的淚和喜樂的淚，應該不會相隔很遠。當我們與痛苦為友——或用耶穌的話，是「背起十字架」時——便會發現，復活離我們不遠了。

Here and Now, pp. 39～40

◎讓你看清楚自己的禮物

憐憫別人往往會帶給你一份不欲收到的禮物：那是讓你看清自己的禮物。在秘魯的窮人讓我看清了自己缺乏耐性，以及凡事講求效率和顧全大局。黎明之家內的智障人士讓我看清了自己怕被人拒絕的恐懼，我想得到別人肯定的飢渴，以及對於關愛永無休止的尋覓。

我記得不久前，發生過一件讓我有機會認清自己的事。有一次在前往德州演講的途中，我買了一隻牛仔帽，想送給我在黎明之家的一位智障朋友——雷蒙。我想早些到家，親自把這份禮物交給他。

然而，雷蒙是一個跟我一樣對注意力與肯定有無限需要的人，當他看到我買給他的禮物之後，居然向我吼叫：「我不要你買給我的可笑禮物。我的禮物多的是，房間裏快堆不下。你還是自己留著吧。我不稀罕。」他的話深深地刺痛了我的心。他讓我明白到，我是**想**跟他做朋友，可是我卻沒有花時間去陪他，去注意他，反而想以一份昂貴的禮物來搪塞。雷蒙對德州牛仔帽的憤怒，讓我看清楚，我想和他建立友誼的努力失敗了。那隻帽子並沒有被看成是表達友誼的禮物，反而是代替品。

顯然地，這一切對我或雷蒙是始料不及的。然而，當雷蒙的吼叫讓我熱淚盈眶時，我頓然了解到，我的眼淚其實是為自己內裏的破碎而流的。

顯然，自己也是憐憫別人所得的禮物。這禮物不容易得到，不過它能教曉我們很多東西，亦能幫助我們更完全和聖潔。

Here and Now, pp. 99～100

施予
Give

藉著給予，我們就會清楚被揀選、祝福、破碎不只是為了我們自己，而是讓我們看到生命的最終意義是為別人而活。

《活出有愛的生命》，頁51

亨利對人的慷慨永不落空。他捐了可觀的金錢給那些照顧露宿者和愛滋病患者的人。從亨利的信件和財政紀錄中，我們得知他為一位非裔男士付了數年大學學費；他為他的學生交置業首期；又助養了一個住在南美的小童許多許多年，當朋友有需要時，他幫他支付汽車維修的費用。亨利絕少拒絕在金錢上幫助他人。從亨利在金錢上資助的人物、原因和機構的清單中，可以看出他的財寶放在那裏，他的心跳聲也在那裏。他的慷慨施予跟他的生活態度相符。在他過世後，監管他的物業的人成立了「亨利的心跳聲基金」，目的是可以偶爾地慷慨解囊，他們延續了亨利透過金錢愛別人的善行。

他對自己收到的禮物都很慷慨，甚至過分地慷慨：在多倫多聖邁克爾(St. Michael's)大學的檔案館裏收藏了他一盒又一盒珍藏的信件、手稿和文章。他會親自仔細地回覆每一封寄給他、尋求屬靈指導和方向的信。為了抽出時間跟找他的人進行有意義的說話，他常常令自己疲憊不堪。當朋友有危難時，他經常迅速地「飛」州過省去幫助他們。他就是有那一份能力，無論與何許人，他都能很專注地、真摯地帶著極大的關注去問一句：「現在，請告訴我你活得好嗎？」縱使當時他有自己的痛苦和其他關切的事，他總是能全神貫注地聆聽，分享其精彩的洞見。在任何時候，面對任何人，他的屬靈洞見都能隨時照亮著對方。差不多所有曾被他的溫暖安慰過的人都會再次找他，希望獲得更多。

在愛中蒙神委派去服事他人是他最高的鍾愛。他不斷地尋索去「活出我的召命，那就是向所有人宣告神的愛。」他最喜歡用以下這個意象表達服事的喜樂：兩個人在社羣中舉著滿滿的杯子互相祝賀，而杯中溢出來的就是二人共享的事工。

在黎明之家他發現有些東西比施予更好：協助他人發現自己也能有所施予，然後一起貢獻出來，是所有禮物中最好的。為了身體力行所學到的這個功課，亨利開始與黎明之家的成員一起外出。他每次出門，並非只是抽象地講一些關於智障人士具啟發性的精彩演說，而是帶著比爾．伯恩拿 (Bill Van Buren) 或是另一個黎明之家的成員同往。許多時候，成員單純和毫無忌諱的溝通方式會蓋過了亨利，成員被演說悶壞了的呵欠，又或是在演說進行中的叫囂打擾，都令整個聚會更加人性化。然而亨利學會了去愛那份幽默與偶發的一刻。他發現，很久以後當人們忘掉了他的講章，他們仍然記得比爾的笑聲，或是特里維埃的祝酒聲。而最重要的是，那些黎明之家的成員會記得自己如何被邀請去放膽地說話、昂首以及和他人分享自己。容讓這些經常被置諸不理或被忽視的朋友，找到他們能愛他人的特別方式，就是最好的禮物。

亨利死後，跟亨利結伴出門次數最多的比爾，透過其中一個黎明之家的領袖蘇的協助，寫了一封信給他。他寫道：「在結識你之前，從來沒有人邀請過我去旅行。我很興奮。你邀請我跟你一起去華盛頓，因為你想跟我一起去。你不斷告訴我，我們二人像弟兄一樣，一起前去是重要的，又跟我討論黎明之家的生活……在小教堂裏，你告訴我我的生命是重要的，而且有很多人愛我。在你之前，從來沒有人告訴過我這些。你説神愛我……感謝你帶我四處去。感謝你給我那些書和畫。它們都被掛在我房中的牆上。亨利，我想念你，我仍然為你哭泣。感謝你——成為我最好的朋友。愛你的比爾上。」[41]

當亨利離世時，兩岸的兩間大主教堂為他舉行的追思會，都擠滿了人。在多倫多的追思會上，蘇在其悼辭中説道：「現在他離我們而去了，而此時此刻我們正要負起他交付我們的屬靈責任。倘若我們進入了那珍貴而神聖的心靈深處，傾聽住在那裏的神的靈，我們會聽到亨利被委派要教導我們的信息：不要害怕你的傷痛，當人際關係困難時，仍然選擇去愛；當盼望褪色時，仍然選擇去相信，彼此幫助，穿越受傷與苦澀的感受，與他人聯合。從心底饒恕每一個人，因為神與我們很接近，稱我們每一個為「我所愛的。」

這本輯錄的最後一部分，分為三個小分類。「在生命中施予」邀請你將自己的生命施予你所認識的人及每一天所遇見的人。盡你所能去為你所認識的人做點事，並且接受別人施予給你的禮物。在你閱畢這個小分類之前，嘗試思想兩個具體、簡單的方法，把自己施予他人。也許你可以放下這書本，在繼續讀下去之前附諸行動。

「在死亡中施予」不單延續「每一天都應該好好活著」這個主旨，它更進一步邀請我們去預備死亡的來臨。問一問自己：我今天應該如何活著，才能結出果子，即使我今天就要離開人世？這本在亨利死後數年才出版的書，見證了他屬世的生命，今天雖然已經結束，仍然能繼續幫助和鼓勵他人的生命。亨利活出了一個超凡的生命。然而許多人喜愛他的原因，卻是因為他曾施予別人平凡的禮物：鮮花、愛、關注、肯定別人的說話和經得起考驗的智慧。

「做個有心人」是最後的一個小分類，訓誨我們要從生命中心去聆聽、去說話和去行動。亨利提醒我們「勇氣」一字是由法文「心」*coeur*這個字而來的。因此，親愛的，提起勇氣，做個有心人。

麗貝卡・萊爾德

＊　＊　＊

在生命中施予

首先，我們的生命本身就是一份最好的禮物——這是我們常常忘記的。

《活出有愛的生命》，頁56

◎施予

當我們想到施予的時候，最先浮現在腦海的是我們獨特的才華，那些把特別的事情做得特別好的能力；這是我們經常談及的。我們曾問：「我們的獨特才華是甚麼？」可是當我們把注意力放在才華上時，我們就會忘記真正的恩賜不全是我們能做甚麼，而是我們本人。真正的問題不是「我們能為對方做些甚麼?」而是「我們彼此能成為對方怎麼樣的人？」當然，能為鄰居修理一些東西、能給朋友有用的意見、能為同事提供建議、能為病人帶來醫治，或者給會友報告好消息，都是好事。只是，比這一切更大的禮物，是我們的生命藉著我們的作為所發出的光輝。我年紀愈大就愈發覺我所能提供的最好的禮物就是我本身對生活的喜樂、我內心的平安、寧靜和獨處，並我自己對幸福的感受。當我問自己「誰幫我最多？」時，我的答案肯定是：「那位願意和我分享生命的人。」

《活出有愛的生命》，頁56

◎宣揚神的愛

在今天的祈禱中，我感謝神「感召」我到黎明之家事奉，我知道自己是從那時開始將事業和生命融於一體的，這事業就是向世人宣揚神的愛。當我愈來愈確信我的最終命運將是安躺在神永生的懷抱中時，我深深感謝神。這個信念愈是清晰，我就更能接近跟我接觸的人，並接受他們的善、他們的美、他們的愛。一如既往，我面對的挑戰是，一方面與奇妙的神保持緊密關係，一方面聽祂的差派，在俗世裏以耶穌之名坐言起行。

《安息日誌——冬之旅》，頁64

◎活得豐盛的自由

今天跟占姆有頓難忘的午膳。雖說我是為了寫作而來聖菲找占姆的，但首先談到的卻是我們六十至八十歲時會做甚麼。

對我而言，此問題相當重要，我亦不無焦慮。過去的日子我建立了一定的名聲。人們以我為教會牧者、靈修作家、智障團體中的一員、愛神、愛人。有這樣的名聲實在美妙，但近來我發覺自己困在其中，感到甚為拘束。心裏有股壓力迫使我所做所說所寫的要符合大公教會、方舟團體、家人、朋友、讀者的期望，可說是身不由己。被困是因為覺得自己必須循著一定的方向，否則便是不忠。

但我已達耳順之年，心裏出現了新的想法、感覺、情緒和熱情。所以我問自己：「我對周遭的世界有何責任呢？我對自己又有何責任呢？忠於召命是甚麼意思呢？是要跟從前的生活和想法一致嗎？還是要有開展新一頁的勇氣，即使令一些人失望也在所不惜呢？」

我愈來愈留意到耶穌死於三十多歲。我比耶穌已多活了超過三十年。假如耶穌這樣長命，祂會怎麼生活，又有怎麼的想法呢？我不知道。但我這把年紀卻浮現以往沒有的新問題和關注，包括生活各層面：團契、祈禱、友誼、契合、工作、教會、神和生死。我如何能讓這些問題浮現而不怕後果呢？我自知未完全自由，因我有所懼怕。

占姆六十二歲，我六十四。我們都問六十至八十歲要如何生活。不同的是占姆不為名聲和機構所困，自由自在，他亦愛此自由。碰上這樣一個人也算奇遇了。

看來占姆真是在乎我的生命和寫作，除了想我把握著我所有的之外，並無別的目的。看來他沒有成見，沒有要有我依從他的意思。神擺他在我的生命中，自有其美意。

《安息日誌——春夏之旅》，頁124～125

◎跟從愛的呼喚

差不多三十人早上來領聖餐！明顯是這個星期一假

期讓他們一家大小早上來領聖餐。

福音書中那年輕的財主，他愛耶穌，耶穌也愛他，可是為財寶所累不能跟從耶穌。這也是我們實在的挑戰。會眾感覺深刻似乎是發現了這故事不在於由無所不有一躍而成一無所有，而在於一步一步走向愛的漫長旅程。可悲的不是那年輕的財主不願放棄財寶——誰願呢？真正可悲的是他錯過了他和耶穌都渴望的，即發展深厚而親密的關係。與其說問題在於放棄，不如說在於信任並跟從愛的呼喚。放棄不過來自更大的攀附。可以跟豐富的主相親，誰還在乎那些微的財寶？祂給我們的魚過於我們能捉的，祂給我們的餅過於我們能吃的。假如那年輕人答應耶穌又將會如何呢？他不也像其他門徒一樣，帶給無數人盼望嗎？可是他卻在歷史消失，寂寂無聞。多大的損失！那更大的挑戰是一步一步地跟從那愛的呼喚，相信神會給我們一切所需。

《安息日誌——春夏之旅》，頁136

◎施捨則增

領聖餐時我們熱烈討論五餅二魚的故事。施捨則增，自肥則減。五餅二魚一事或許本是各人將僅有的分給他人，這想法使在座其中一位參與者精神一振。真正的神蹟可能不是耶穌把餅變多了，而是祂叫人別死抱食物不放，卻要相信所有的夠大家吃飽。若果世人皆如此慷慨為懷，就不會有那麼多人捱餓了。這也就是聖餐的異象：耶穌分享了祂的血肉，好使我們在世活著是基督。耶穌捨己以化身千萬。我們或個人或羣體都成了基督的身體。

《安息日誌——春夏之旅》，頁229

◎想得慷慨、說得慷慨、行得慷慨

領聖餐時我們談到慷慨之道。保羅的話令我感動：「少種的少收，多種的多收，這話是真的。各人要隨本心所酌定的，不要作難，不要勉強，因為捐得樂意的人是神所喜愛的。神能將各樣的恩惠多多的加給你們，使你們凡事常常充足，能多行各樣善事。」(林後九6～8)

我想慷慨有多個層次。我們要想得慷慨，說得慷慨，行得慷慨。為人著想，為人說好話是慷慨之本，即是看別人是同宗同族，情同一家。慷慨不能出自內疚憐憫，卻應發自自由無畏之心，無保留地與人分享自己所領受的一切。

《安息日誌——春夏之旅》，頁234

◎盡力做好你的召命

我愈想到這世上的許多苦痛，以及自己想去醫治他們的心願時，就愈覺得不能讓自己被無能與罪咎感所癱瘓。更重要的是，我要忠於自己的召命，把自己分內應做好的幾件事做好，並且對工作完成後所得到的喜樂與平安感到滿足。我必須抗拒那強拉我入失望之淵的黑暗力量，不讓自己成為另一位受害者。我應該注目在耶穌以及耶穌的追隨者上，相信我能活出我的召命，成為人世間的一個盼望表徵。

Here and Now, pp. 46～47

◎我們不需要去攫取愛

如果一切偉大的宗教都有一個共通的理念，那就是「憐憫」。印度教、佛教、伊斯蘭教、猶太教和基督教的經文裏，均談到神是慈悲的神。在今天的社會裏，不論是政治圈、運動場或是商場，人人都是爭競的。然而，有真信仰的人都宣講憐憫他人才是神的道。

那麼要怎樣才能使憐憫成為生命的焦點呢？我們是不安全、焦慮、脆弱和肉身的人類——我們一直是以某種方式、在某種環境，為了生存而全力衝刺的——而且競爭似乎帶給我們無限的滿足感。在奧林匹克運動會以致美國總統大選上，我們可以見到，最後的勝利永遠是最想要的和最為欣羨的。

然而，耶穌說：「你們應當憐憫他人，就像你們的父那樣憐憫人。」許多世紀以來，所有偉大的宗教也附和這個說法。憐憫心，按照字面而言，有「一同受苦」的意思——在和我們眾人相同，而不是與人有別的時候，我們才做回真我。事實上，主要的屬靈問題並不是「你與旁人有何不同？」而是「服事別人」並不是「勝人一籌」，而是讓我們更有人性。那不是要向人證明自己比別人強，而是承認自己和別人一樣，才是通向醫治與復和之路徑。

在別人受苦時和他們一起，而且甘心成為弱小者的一分子，是神在世上推行公義與和平的方法。這可行嗎？可行，但是我們必須敢去活出這樣堅定的信仰，那就是我們不需要攫取愛，因為這份愛，已由那位召我們去憐憫他人的神白白賜給我們了。

Here and Now, pp. 98～99

* * *

在死亡中施予

第二，我們蒙召獻出自己，不單獻出生命，也獻出死亡。

《活出有愛的生命》，頁58

◎大恩眷顧的時刻

昨晚，我打電話給約瑟夫．貝爾納丹主教(Cardinal Joseph Bernard)，問候他的健康狀況。這位芝加哥紅衣主教說：「亨利，很高興聽到你的聲音。昨天我重返工作崗位了，每日工作半天，我的表現挺不錯呀！」他的聲音洪亮，充滿活力。我說：「自從七月拜望你後，我常常想起你，為你祈禱。現在聽你說起話來精神飽滿，又可重新投入工作，我真的感到很高興！」他接著說：「我不知怎告訴你，亨利，你那次前來探訪，與我一起禱告，還送了幾部你的著作給我，對我來說有非常重大的意義。再次謝謝你。那次確是天恩臨在的特殊時刻。」

七月的探訪，如今仍歷歷在目。當時我在芝加哥，參加國家天主教愛滋病人牧養工作會議。那段期間的報章正廣泛報導著貝爾納丹主教患上胰癌，做了大型手術，並接受了放射療法的情況。我抵達芝加哥後不久，我的同工好友鮑勃 (Bob) 致電給我。說主教想我到他那裏一聚。

我跟主教共聚了半小時，一邊談話，一邊禱告。談話的內容叫我深受感動。他告訴我斯蒂文 (Steven) 的故事。斯蒂文曾錯誤地控告主教性虐待，然後又撤銷自己的控告。這件事在當年轟動一時，主教為此深受打擊，苦不堪言。整件事情告一段落後，主教決定到費城探訪斯蒂文，表達對他的寬恕，並與他禱告，同領聖餐。患上愛滋病的斯蒂文本來對教會心懷敵恨，卻被主教的和解行為深深打動了。這對主教和對斯蒂文來說，都是人生最重要的一刻，屬於真正療傷的一刻。

「現在我和斯蒂文都身患重病，他染上愛滋，我得了癌症，」主教說。「我們都必須迎接死亡。差不多每一個月，斯蒂文會打電話來問候我。這對我來說有莫大的意義，我們如今真的能互相扶持。」

正當主教告訴我這一切時，我感到與他很接近。他是我的弟兄，我的人類同胞，像我一般的掙扎著。我不知不覺地叫他做約瑟夫，漏掉了「主教」或「主教閣下」的稱謂。

「這是天恩眷顧的時刻，」約瑟夫說。「到醫院接受治療時，我不想從側門逕直往醫生的辦公室去。不，我想探望一下其他活在死亡陰影下的癌症病人，我想以弟兄和朋友的身分與他們坐在一塊，給他們一些安慰和支持。自從患病以來，我有了全新的事奉方向，我為此不勝感激。」

我們談及死亡。我的母親是在完成胰癌切割手術後去世的，所以我知道約瑟夫患上的是何等嚴重的疾病。面對頑疾，約瑟夫十分樂觀，預期自己會生存下來，能夠重投工作的懷抱。儘管這樣，他卻不怕談論自己的死。坐在他身邊時，我愈來愈深信他的疾病，以及隨時會臨到他身上的死亡，可能是他要獻給今天的教會最大的禮物。那麼多人死於愛滋和癌症，那麼多人死於饑荒、戰禍、暴力，約瑟夫的疾病和死亡能否化為真正悲憫的事奉，獻給這些淒苦的人？他能否像基督一樣，為別人而活出生命來？叫我感恩不已的，是他沒有從後門進入醫院，而是由正門步入，沿路探望病人。叫我感恩不已的，是患上愛滋的斯蒂文仍活著，給他鼓勵。叫我感恩不已的，是他樂意喝此苦杯，還深信這是他一生中最美的時刻。

無疑，我衷心盼望約瑟夫能戰勝癌瘤，完全康復過來。他現已重回工作崗位，叫我大為寬慰。在我心目中，約瑟夫．貝爾納丹主教是今日天主教會極重要的宗教領袖。我明白他在芝加哥的會眾是何等渴望他能繼續當他們的屬靈領袖。

可是，約瑟夫總有一天會與世長辭的。這個絕症使他認識到死亡正迫在眉睫。我祈求他在這一年跟斯蒂文和自己的癌腫相處的經歷，能讓他好好活出未來的日子；而這些日子不論是長是短，都能成為他一生中最富悲憫的時光，使他能結出豐碩的果實，遠遠超乎死亡給他劃下的界線。

《安息日誌——秋之旅》，頁25～28

◎假如你死去，你想……

美麗而陽光普照的一天。早上九時，我們從尤蒂卡出發，在下午二時抵達喬納斯和瑪格麗特的家。漫長的車程為我們締造了許多談話的機會。我們天南地北，無所不談，聊天的內容包括黎明之家為我舉行的差遣禮，以及週末嘉賓探訪黎明之家的情景。我們也談及疾病和死亡。內森說：「告訴我你想怎樣，要是你不幸遇上嚴重的交通意外，或患了不治之症。」談論這個也是好的，因為我剛立了一份「生前遺囑」，並授予內森全權以我的名義加以執行。我告訴他我為著能活了這麼多年的生命而感恩。我不想以人工方法延續生命，或進行任何器官移植或特殊的續命手術。我說：「我並沒有將死的感覺，不過如果碰上意外或身患重病，我是有心理準備可隨時死去的，一旦康復無望時，我希望你能夠放心結束我的生命。」內森問：「假如你死去，你想事情怎樣發生？」

我細想了一會後，說：「我不想主宰自己的喪禮或葬體的形式，我根本不該為此掛心！不過如果你想聽聽我的偏好，我就會這樣說：讓我遠離殯儀館，在我們的木工場做一個簡單的小木棺，讓探望的人在黎明教堂跟我說再見，然後把我葬在埃爾金．米爾斯公墓（Elgin Mills Cemetery），這是其他黎明之家的成員也能安葬的墓地。還有……一切從簡，讓葬禮散溢著禱告和歡欣的氣息。」

《安息日誌——秋之旅》，頁48～49

◎好好地活每一天

我還能活多久？我的同學中有不少已撒手塵寰，但我父親已近九十三歲，仍然健在。看樣子我還有三十年的命！我真想活那麼久嗎？還是想早日與基督聯合？

只有一件事是可以肯定的：每一天都要好好地活。多麼簡單的道理！不過，它仍值得我反思。今天我帶來了平安嗎？我向別人笑過嗎？我安慰過別人嗎？我放下了怒氣和怨恨嗎？我寬恕了別人嗎？我愛了別人嗎？這些是切切實實的問題！我必須相信，我現在所播下的愛的種子將在今生和永生中結出豐碩的果實。

《安息日誌——冬之旅》，頁44～45

◎對「愛」說「要」或「不要」

有永生，也就有永死，就是第二次的死。地獄就是永死。地獄對於我或我們來說真是有可能的嗎？我內心很不情願說有，但耶穌和祂的門徒卻不給我商榷的餘地。永死和永生的機會是同等的！神給我們選擇，可以對「愛」說「要」或「不要」。給我選擇，就等於尊重我是一個自由的人。我不是毫無選擇的機器人。神選擇愛我，也希望我自願選擇愛祂。這表示我也可以選擇不愛祂。永生不是預定的事實，而是我們作出人性回應的果實。

《安息日誌——冬之旅》，頁34～35

◎亞當的死

今早領聖餐儀式過後，凱西從多倫多來電，告訴我亞當．阿內特的病情嚴重惡化——心臟病再加上癲癇症發作，已被送往醫院。我馬上再致電給內森，得知亞當已經垂危。我打算馬上乘飛機回去，內森也同意我這麼做。

亞當使我認識了方舟團體的黎明之家，帶我走進靈性上軟弱之處，改變了我的生命。跟亞當一起住在黎明之家，對我的祈禱、我對自己的認識、我的靈命、我的佈道都帶來很大的衝擊。亞當患有嚴重的癲癇症，身體有很多的缺陷，看上去他的生命囿於殘障裏面，但實際上他觸動了上千個方舟團體的同工、到訪者和朋友的生命。他是我的朋友和室友，感染著我的內心深處，並以言語以外的種種打動了我的生命。

抵達多倫多機場時，我被海關人員扣查，因為我離開加拿大太久了。最後，我終於可以過關。內森在等我，並向我述說亞當的情況。我們的車子直接駛往醫院。

亞當的父母雷克斯(Rex)和珍妮(Jeanne)跟我打了招呼，我們很高興能彼此見面。黎明之家的一些成員已經到了醫院支持雷克斯和珍妮，並且會在亞當生命最後的幾個小時裏陪伴亞當。

我走進亞當的病房，他戴著氧氣罩，呼吸還算均勻。亞當的宿舍舍監安(Ann)說：「今天早上，亞當剛被送進醫院不久，心臟就停止了跳動，醫生宣布他離世，但過了幾分鐘以後，他恢復了心跳和呼吸。似乎他還沒準備好離開。我相信他在等他父母，也在等你。」

我看著躺在牀上的亞當，黯然神傷。這是他生命中最後的幾個小時。我輕吻他的前額，輕拂他的頭髮。

我看著亞當，又低聲跟雷克斯和珍妮傾談。半個小時後，我請所有在守候室的人過來圍在亞當牀邊。我們手拉手一起為亞當、他的父母、家人和朋友祈禱。祈禱完畢後，我們圍坐在牀邊，心緒隨他的一呼一吸而起伏。

一個小時之後，亞當的弟弟邁克爾來了，他看上去很憔悴，一來到牀邊就開始哭泣，他父親擁抱著他，他一看見我。就伸開雙臂緊抱我，泣不成聲。我摟著他抖動的身體，摟了很長時間，然後跟他一起走回亞當的牀邊。

邁克爾也是黎明之家的成員，也像亞當一樣患有癲癇症。我讓他拿著盛著聖油的容器，在所有人再次聚在一起的時候，我把油膏抹在亞當的前額和雙手。熱切地祈求上帝賜給他力量，讓他平安地走完最後的一程人生路。

「我，我，我……哥哥……去……去天堂了。」滿面淚水的邁克爾抽噎著。「亨利啊，我的心碎了，我的心碎了。」我緊緊地摟著他，跟他哭成一團。

大約晚上六時，我跟內森到教堂街宿舍（Church Street House）去取黎明之家職員為珍妮和雷克斯準備的食物，然後到附近的餐館吃晚飯。

我們回到醫院時，亞當已轉往另一間病房，因為他已經不再需要心臟監測器。亞當已經很接近死亡，現在可以做的只有儘可能減輕他的苦楚。他仍戴著輔助呼吸的氧氣罩，但看樣子幫助不大。最後，雷克斯和安脫下亞當的氧氣罩，讓他完全脫離所有於事無補的輔助儀器。他的呼吸緩慢而深沉，停了一會兒，又再次動了起來，他顯然是在掙扎。儘管表面看不出他有任何苦楚，但他每一呼每一吸都在費勁地掙扎，這真叫我們心如刀割。珍妮說：「他的心臟這麼虛弱，我真難想像他怎麼可以這樣頑強……這真是一場搏鬥啊。」雷克斯跪在牀邊，握著亞當的手，珍妮站在另一邊，把手放在他的雙膝上。我站在牀頭，輕撫他的頭、他的頭髮，時而托著他的臉龐。

幾個小時過去了，一直到午夜。亞當看來可以支持到天亮。內森和黎明之家的人都回家去了，我開始覺得體力不支。安說：「回家睡覺去吧。我和雷克斯、珍妮會留守在這裏，一有消息就通知你。」

我在黎明宿舍剛睡著，就接到安的電話：「亨利，亞當去了。」亞當的生命和他傳福音的使命就這樣完結了。我想起耶穌說：「成了。」十五分鐘後，我回到醫院。亞當躺在牀上，紋絲不動，面容安祥。雷克斯、珍妮和安坐在牀邊，輕觸亞當的身體，他們已淚如雨下，淚中含著哀傷，也載著感恩。我們手牽手，輕觸亞當的身體祈禱，感謝神給他三十四年的生命，並透過他脆弱的身體和剛強的靈性帶給我們種種的益處。

我的雙眼一刻都沒有離開亞當。我覺得比起其他人，他最能把我跟神、跟黎明之家聯繫在一起。他是我第一年在黎明之家所照顧的人，我對他有著深厚的愛，並且在加拿大和美國到處描寫他的生平、談述他的事迹。他是我的輔導員、老師、嚮導，雖然從來沒有說過一句話，但他教我的比誰都多。他是我的朋友、我的摯友，是我所見之人中最脆弱的一個，也是最有力量的一個。他走了，他的生命消逝了，他的面孔是靜止的。我的內心充滿哀傷，也充滿感恩。我失去了同伴，但也為我的餘生找到了守護者。願眾天使引領他到天堂，歡迎他進入神的懷抱中。

我望著亞當，他是那麼的美麗。此刻，他安躺在平安之中，漫長的搏鬥已經結束。他那美麗的靈魂終於脫離了束縛它、而又無法表達它的軀殼。我問自己，這整整三十四年的束縛到底意義何在？答案只好有待將來慢慢揭示。現在，我們只需要信靠，需要休息。

《安息日誌——冬之旅》，頁158～162

◎承擔損失

耶穌說：「為我失喪生命的，將要得著生命。」不如意事十常八九。只要我們留意自己內心，就會發現事情往往不如我們所願，別人的說話往往不如我們所料，日子往往不如我們所想，諸如此類。這些小小的損失會令我們憤世嫉俗，埋怨生命對我們不公平。但若果我們為了耶穌去承擔這些損失——即是與祂為了救世所作的犧牲相合——則這些損失能脫去我們自我中心的羈絆，開啟我們心靈以接受源於神的新生。真正的問題是：「我是否為了耶穌去承擔這些損失？」這是生死攸關的抉擇。

《安息日誌——春夏之旅》，頁233

◎死亡所帶來的益處

讀聖經時，我很欣賞耶穌怎樣看死亡，尤其是祂自己的死亡；死亡**不僅僅**把祂從一處帶到另一處。在祂看來，祂的死亡本身能結出許多果子，並對門徒有極大的益處。死亡於祂並非結束，卻是能帶來更偉大的事。

耶穌知道自己快要死亡，祂不斷向門徒重複同一個要旨：「我的死於你們是有益的，因為在我死後，我的死必會結出許多果子。我雖死，但我必不撇下你們，卻要差我的靈，就是訓慰師、保惠師，到你們中間。我的靈必就我是誰、就我教導你們的事啟示你們。我的靈必引導你們進入真理，讓你們與我有新的關係；這關係在我未死之先是不可能有的。我的靈必讓你們結合成羣體，力量加增。」在耶穌看來，祂生命的真正果子要在祂死**後**才會成熟。故此祂再補充説：「我去是與你們有益的。」

如果這是真的，那末當我思想自己的死亡時，真正的問題可不是：我在未死之先可以成就多少事？也不是：我會否成為別人的負累？不，真正的問題是：我應該怎樣過活，好叫我的死使他人得著果子？換言之，我的死如何能成為禮物，好送給我愛的人，使他們在我死後收割我生命的果子？要解答這個問題，我首先要願意承認：我也可以像耶穌那樣看待自己的死亡。

《尋找回家路》，頁94～95

◎差遣我們愛的靈到別人中間

我們短促地到訪此世以後，各人都要自這個世界進到另一個世界。我們被差到世上作神所愛的孩子，而在路途上，並損失中，我們學懂如何以夫妻、父母、手足的身分相愛。我們彼此扶持，走過生命的路途，也一起在愛中成長。最後我們被召離開，我們要離開這個世界，為要與神完全契合。我們也可以像耶穌，在離開友人時，差遣我們自己愛的靈臨到他們中間。我們的靈就是所留下的愛，是深植於神的靈中。這是我們給所愛的人最大的禮物。

我們跟耶穌一樣，在人生的旅途中，希望藉著離世叫我們的生命結出豐碩的果子。我們離世時，也要說耶穌所說的話：「我去是與你們有益的；我若不去，就不能差我的靈來幫助你們，啟發你們。」

《尋找回家路》，頁102～103

◎死亡是我們完完全全的軟弱

我們的軟弱和年老在在呼喚人要圍繞我們，支持我們。只要不抗拒軟弱，並願意感激地接受別人的關心，如此我們就可招聚一羣人，讓照料我們的人有機會去付出憐憫、關懷、愛心和服事。當我們把自己交在別人手中，其他人就因照顧我們而得祝福，生命也變得豐足。我們的軟弱叫他們的生命結出果子。

死亡是我們完完全全的軟弱。我們不用將衰老的軟弱視為連串的損失，反而要選擇將衰老視為一條道路，倒空我們的心，讓愛的靈傾注。這是完完全全的軟弱，但同時也是我們結果子的頂峯。

《尋找回家路》，頁106～107

◎不要只在等著上天堂

永生。它是在哪裏？甚麼時候才能得到呢？有很長的時間，我都認為永生，就是在我所有的生日都過完了之後的生命。許多年來，我在談論永生時，都把它當作是死後的生命。可是年紀愈長，也對這死後生命之說愈少興趣。不是單為明天、明年或十年之後憂慮，而是要顧慮下一個生命，似乎有點兒那個。若要我猜測死後是怎樣子，是一種分心。倘若永生是我明確的目標，那永生必須是此時此地的，因為那是在神裏和與神同行的生命。

靈命——活在神裏的生命——的美妙處，是它在此時此地發生。耶穌說：「你在我裏面，正如我在你裏面。」這就是永生。那是神在我生命的中心與我同在——聖靈在我們的內心活動——給了我們永生。

然而，死後的生命又如何？當我們與神融為一體，投靠在神的大家庭裏，就再也沒有甚麼「死前」或「死後」了。死亡並不再是分界線。死亡對於屬神的人來說沒有任何威嚇，因為神是活人的主，不是死人的主。我們一旦嚐到神之愛所帶來的喜樂與平安後，就知道一切都安好，而且亦將會安好。耶穌說：「不要怕，我已經征服了死亡……來吧，與我同在，並且知道我所在之處，就是神的所在。」

永生是我們活著的明確目標，而且那不是遙遠的目標。它是我們此刻即可得到的生命。當我們的心明白這一點時，我們就有屬靈生命了。

Here and Now, pp. 69～70

◎完全察覺地活每一天

有些人說怕死，有些人則說不。可是多數人都害怕死亡。心智與身體的緩慢退化、癌病中的煎熬、愛滋病毒的摧殘、自己成為朋友的負擔、行動無法控制、旁人談到你或是和你談話時都有所避忌隱瞞、忘記最近才發生過的事和訪客的姓名——這一切以及許多別的事才是我們真正害怕的。難怪我們有時說：「我希望自己死的時候不會拖得太久。我希望自己最好死於突發的心臟病，不是飽受煎熬。」

可是，不論我們怎樣想或怎樣希望，總還是無法預測自己會怎樣死，而一切的憂慮都是枉然的。然而，我們仍須對死亡有準備。死亡不是一了百了，而是生命最圓滿的展現。因此，為死亡作準備，是我們這一生的最主要功課。正如耶穌所言，死亡是完全失敗和完全勝利合而為一的時刻。耶穌被釘死的十字架，正是這完全失敗和勝利的合一記號。耶穌把自己的死亡形容為「被高舉」。除了被高舉在十字架上，也在復活時被高舉。耶穌盼望我們的死亡和祂的一樣，雖然死亡代表被世界所摒棄，但神卻透過它迎接我們回家。

那麼，我們到底如何為死亡做準備呢？只要每天都完全警醒自己是神的兒女，知道祂的愛勝過死亡。擔心和猜想自己會怎樣死，對我們的存在沒有益處。如果每天都能慶賀自己是神所愛的兒女，那麼我們在逝世之前的歲月，不論長短，都會像是新生一般。死亡的痛苦正是生產的痛苦。我們經由這個痛苦，脫離此世的子宮，誕生為神兒女，得以完全。

約翰說得很清楚：「你看父賜給我們是何等的慈愛，使我們得稱為神的兒女；我們也真是他的兒女。世人所以不認識我們，是因未曾認識他。親愛的弟兄啊，我們現在是神的兒女，將來如何，還未顯明；但我們知道，主若顯現，我們必要像他，因為必得見他的真體。」(約壹三1～2)

Here and Now, pp. 139～140

◎回家

我們的人生是一個對神的愛說聲「是」的一瞬即逝的機會。我們的死亡是向著那愛、完完全全地回家之路。我們渴望回家嗎？似乎我們都在盡力延遲回家的時候。

使徒保羅在寫信給腓立比的基督徒時，表現了一種截然不同的態度，他寫道：「我正在兩難之間，情願離世與基督同在，因為這是好得無比的。然而，我在肉身活著，為你們更是要緊的。」保羅非常渴望能經由耶穌與神完全聯合，而這種渴望，讓他把死亡看作是一種「得著」。然而，他的另一渴望是存留在世，好讓他能完成祂的召命。那給了他結果子、完成使命的機會。

我們再以屬天的觀點來看人生吧！事實上，耶穌邀請我們參與祂的死亡與復活，使我們與神完全聯合，我們除了聽從祂，摒棄腐朽的身軀，以達到我們存在的最終目標之外，還有甚麼其他渴求呢？我們停留在這流淚谷的惟一原因，就是繼續耶穌的使命，祂差派我們到世界，正如父神差派祂一樣。從屬天的角度來看，人生是短暫而痛苦的任務，卻充滿了為天國而結果的機會。死亡是讓我們進入一場歡樂筵席的一扇門，在筵席中，那大君王將親自服事我們。

這是與眾不同的人生態度！不過，這也是耶穌的人生態度，也是我們該效法的。它是一種對待生命和死亡的喜樂觀，毫無病態之嫌。只要我們還留在這肉體，就讓我們好好照顧這肉身，把神國的喜樂與平安帶給在人生旅途上所遇到的人。當死期到來之時，讓我們滿心歡喜地回到天父的家中，與愛我們的那一位聯合。

Here and Now, pp. 140～141

◎死亡是生之最重要的一項舉動

死亡是生之最重要的一項舉動，它牽涉到把別人捆綁在罪中，還是以感恩的心釋放他們的選擇。這個選擇在於揀選讓人得生命的死，還是揀選使人受傷害的死。我知道很多人帶著深沉的感受活著，覺得自己沒有為死者做自己想做的事，不知道如何去醫治這縈繞心頭的歉疚。臨終的人有這獨特的機會，去釋放他們遺下的人。

在我的「臨終時刻」，最令我有強烈感受的，就是自己對那些為我的死亡傷痛的人的責任。他們哀悼我時，會是帶著喜樂，還是帶著愧疚；帶著感恩，還是帶著懊悔呢？他們會覺得被遺棄了，還是感到得著釋放呢？有些人曾深深地傷害過我，我亦曾深深地傷害過一些人，而我的內心世界一直受他們影響。我曾嘗過實在的誘惑，想在憤怒和愧疚中緊抓著他們不放。然而，我亦知道自己可以選擇放開他們，並且完全向基督裏的新生命降服。

《鏡外》，頁38～39

◎向自己死的悠長過程

我深切渴望藉著耶穌與神合一，並不是因為鄙視人際關係，而是因著對真理的深刻領悟，就是在基督裏辭世實在可以是送給別人的最大禮物。依這觀點，生命就是一段長長的預備旅程——準備自己，真正為他人死。那是一連串細微的死亡，我們在其中要放開種種緊抓著的形式，也要不斷從依賴別人發展至為他人活。從童年到青少年、從青少年到成年、從成年到老年，我們會通過很多歷程，在其中不斷有新的機會去為自己選擇，以及為別人作抉擇。在這些變遷歷程中，問題不斷冒升，逼使我們面對種種困難的選擇。那些問題有：「我想要權力還是要為人服務？」「我想要顯名聲還是默默耕耘？」「我要為一番成功的事業去努力，還是履行自己的召命？」根據這意思來說，我們可以把生命當作是一段向自己死的悠長過程，好讓自己能夠活在神的喜樂中，把自己的生命完全獻給他人。

《鏡外》，頁39

* * *

做個有心人

◎眾心合一

愛神、愛人、愛己是同一的愛。……此種合一可從三方面看到。第一，我們全身投向神時，會發現別人和自己皆在神心中。第二，我們當自己是神所愛的兒女一般愛護時，會發現自己跟神和別人完全合一。第三，我們當別人是兄弟姊妹般愛護時，就會發現神和自己完全合一。萬物歸一：神的心，別人的心，我們自己的心。所有偉大的神祕主義者皆有此領悟，並按此而活。

《安息日誌——春夏之旅》，頁152

◎有心就是有勇氣

聖餐時我們論到勇氣。英語courage一字源自法語

coeur，作「心」解。勇敢即是聽從內心，說話發自內心，行動發自內心。心乃是人生之本，勇氣之源。

我們經常論辯時事，發表己見。但勇氣是立場鮮明的，雖千萬人吾往矣，不是與眾不同，乃是我們從心底裏知所行止。勇氣不求標奇立異。勇氣常始於小角落：不說長道短，不暗地攻訐，不嘲諷戲謔，這是勇氣。欣賞和感謝與我們生活方式不同的人，這是勇氣。胸懷窮人，與可憐的孩子同在，參加反戰反暴力反壓榨反剝削的行動，這是勇氣。

先知經常在死後才得到讚揚，我們活著時又願意成為先知嗎？

《安息日誌——春夏之旅》，頁256

◎人的中心

我想說明，我所說的「心靈」不是指人類的情感中心，那是與人類的思想中心——頭腦(mind)——大不相同。不，我所說的「心靈」，是指我們人的中心，就是神來住在我們中間之處，神就在那裏將祂信、望、愛的恩賜賜給我們。頭腦嘗試理解事情，掌握問題，辨識現實的各個方面，探究生命的奧祕。心靈則讓我們進入一些關係，經歷到我們是神和地上雙親的兒女，彼此作為兄弟姊妹。早在我們的頭腦還未能發揮其潛力以先，我們的心靈已開始發展人倫間的互信。事實上，我深信早在我們還未出生之先，這互相信靠的人際關係已然存在。

《尋找回家路》，頁47

◎分享神的心

若是懷著一顆憐憫心，隨時隨地都能為別人敞開的心去生活，究竟是甚麼意思呢？我們要明白，憐憫不同於同情心或是同理心。當我們傾聽旁人的痛苦，與他們感同身受時，我們的感情很快便會耗盡。這樣，我們只能傾聽少數人的痛苦，並且只可傾聽一段短時間。在我們的社會裏，每天都有無數報導人類痛苦的「新聞」，我們的心變得麻木，只因為承擔不下。

然而，神的憐憫心是沒有止盡的。神的心比人類的心大，大得無限。神所給我們的，就是祂那顆神聖的心，如此我們才能永不耗竭或永不麻木地去愛人。

為了能擁有這顆憐憫之心，我們要祈禱：「神啊，求你使我仍得救恩之樂，賜我樂意的靈扶持我，我就把你的道指教有過犯的人，罪人必歸順你。」(詩五十一12～13)

Here and Now, pp. 109～110

跋：心應心

我們上一次與亨利見面是在八月中旬的一個下午，那正是他死前一個月。我們在靠近新澤西州皮帕克(Peapack)的「紅坊屋」客房與他相見，他安息年間就在那裏落腳。我們叩著那道翻新了的「紅坊屋」門，亨利出來擁抱我們，而我們亦即時感染了經常伴隨著亨利的朝氣活力。那時他正預備早晨的聖餐感恩彌撒。而很快將會有幾十個來自附近社區的人，因著早晨祈禱會和對亨利的鍾愛而聚集在這個沒拘束的屬靈羣體中。除此以外，這羣人都沒有甚麼其他的共同之處。

當日亨利的講道是有關聖母升天的故事(Assumption of Mary)。我們只是記得那麼多。然而，長留在我們記憶裏的卻是亨利舉起聖餐杯，鼓勵我們各人在接受餅和酒之前說出一些由心發出的說話：一個字、一個憂慮、一個疑問。亨利創造了一個神聖的交通，我們交流彼此屬靈生命的活力和彼此的祝願，這個神聖的交通就在一個改建了的馬廄中的一張簡單桌子上進行。

當彌撒結束後，亨利邀請我們進到他私人的房間裏去。他的牀鋪執拾整齊，牆上掛著一幅複製的梵高自畫像。亨利的房間井然有序，只有他最基本的需要：電話、椅子、書桌。當我們相聚時，亨利像一個柔軟的小孩一樣，在他的綿織布椅上捲作一團，甚至不需要伸展透一口氣。他雙腳交叉坐著，兩臂很少放在大腿上。我們探訪亨利，因為我要為我負責編輯的期刊找亨利做個訪問，以了解他對祈禱的洞見，所以我跟亨利坐得最接近。邁克爾坐在亨利右邊角落的椅子上。我曾經擔心該怎樣開始我的提問，但結果我的憂慮都是多餘的。我問了一個有關祈禱的問題，亨利便回答：「讓我有系統地講一講有關禱告這回事……」接著的一小時，他發自內心地、優雅地談及禱告、事奉、感恩和饒恕。我還記得當時我為我的錄音機務能操作正常祈禱，因為我不想錯過他的每一句話。我們好像正在領受一份充滿睿智、一起的時光、一份互信的禮物一樣。而事實也是如此，那個訪問結果成為他在人世間的最後一個。[42]

傾談完畢，亨利駕車送我到火車站去(因為邁克爾駛了我們的車子，趕著應下一個約會)亨利駕著小巧的本田(Honda)房車，他試著把專注放在我的身上，多於關心路面的情況。他好像真的對我這個帶著小孩子的在職母親很感興趣。我有點驚訝，原來我的生命不單止值得被有禮的點頭或認同。就在那短短的時刻，亨利對我的關心成了給我的祝福。一路上他不停地提問，他是發問的那一位，車子就這樣駛出了雙線的路上。

許多年了，但那個與亨利相處的早上，成了我生命中的一份禮物，它推動我們用一個嶄新的方式活著。起初我們認為我們的職事就是要把所聽到的與他人分享。透過演講、退修會以及訪問會，我們把亨利的智慧與很多人和團體分享。後來，我們開始明白到，那份禮物不單只在於跟他人分享亨利的洞見，而同時要去活出他所說的真理。我們不能光是談論甚麼算是做個有心人；我們也想靠著心而活。

這本書就是一則動人的故事

這本書本身就是亨利對信仰羣體的信念。在最後的那次訪問中，他說：「信仰羣體中的兩個特點就是饒恕和慶賀。」他說對與我們生活和工作最親密的人說聲「感激你是你」是多麼的重要。

這個洞見在另一個場合中證明是真實的。在二○○二年一月二十四日，應約翰．鍾斯 (John Jones) 的請求 (他現為Crossroad出版社的行政經理)，出版社的員工在曼克頓 (Manhattan) 第八街的辦公室聚首一堂，舉行了一個薄餅派對，目的是慶祝亨利七十歲的冥壽。亨利在一九九六年九月逝世了，但在多年以後，他的出版社和讀者繼續秉承在他生命流露出來的摯誠。亨利在世時，每逢探訪出版社，他都希望所有為他的書出過力的員工，一起聚集在餐桌前。因此，當他們為亨利——一個擁有數本Crossroad出版社最暢銷書籍的作者而聚在一起時，很自然地提及很多關於他的回憶。管理市場策劃的約翰．多得利 (John Tintera) 談到亨利的一顆心，而這本輯錄亦因此而誕生。Crossroad 出版社的行政總裁赫德 (Gwendolin Herder) 在幼年時已認識亨利。當時亨利到她的父母在德國的家中探望他們。她憶述：「我總是被他那踴躍的、感恩的心所觸動。把亨利經常提及的「感恩」活動，就是他特別在《活出有愛的生命》一書中所提及的信念，成為這本輯錄的骨幹是十分恰當的。接著，設計師兼排字員約翰．艾高森 (John Eagleson) 曾經參與製作多本亨利的書，他負責從出版社眾多書名中挑選一些盧雲的語句，放在這本輯錄的書中。我們把建議送到盧雲的產業管理處去，而負責市場策劃的員工就宣佈了這本輯錄的誕生。

後來，羅伊 (Roy M. Carlisle) 加入了編輯部門，所有編輯部同工坐在一起，仔細地把輯錄看了一遍，發覺好像還欠了些東西。羅伊十多年前在另一所出版社工作時曾與亨利相遇。當他望著手稿時，他想起了外子 (邁克爾) 和我。羅伊是一位具有異象的編輯。他是我出版生涯的第一位上司，並且肯定了我的能力，就是我能夠令一些優質、原創的意念，變得更具可讀性，並且令它更具感人的力量。我們曾一起創作過很多卓越的書。他記起邁克爾曾是亨利的學生，又曾經教授關於亨利的課堂，並且我們一直和他是好友。

因此，羅伊打電話給我，這也許不是一個很容易打出的電話。我和羅伊先後於不同時間離開了我們之前一起工作的出版社，彼此的關係有點破碎。日月如梳，我們彼此也曾幾次碰面的，又有過幾次電郵往來，但我們沒有合作許多年了。今次應否再度合作？

在跟亨利的最後訪問中，他提及信仰羣體中第二個最重要的特點是饒恕：**饒恕他人並不是神**。沒有人能滿足我們所有的需要及期望。但當我們不再期望他人活像神時，我們就能慶賀反映在每個人身上的一點點神的光輝。

當邁克爾和我憶起亨利和他給我們的禮物，和他在破碎中仍能真摯地生活的典範時，我們知道我們應該參與製作這本輯錄。於是我們答允了羅伊的邀請，而工作亦展開了。

雖然亨利已經逝世，但亨利的心，仍然讓我們一羣人能慶賀彼此的恩賜，一起創造一本能對亨利的生命和成就表示崇敬的書。然而，最重要的是，這本輯錄把我們所有人帶向神廣闊的、充滿饒恕和喜樂的愛的那顆心。因著亨利的一顆心，一羣人凝聚在一起，而這個圈子仍是敞開的。親愛的讀者們，我們相信，你是知道在這個圈子中，我們為你預留了很多很多的空間。

註釋：

1. 亨利對友情的心胸可算是流芳百世的。Michael Ford在*The Wounded Prophet*一書中提及亨利數算過自己有一千五百位密友。為了更加了解亨利，Ford訪問了其中一百多位。見Michael Ford, *The Wounded Prophet* (New York: Doubleday, 1997), p. 73。

2. 如想了解更多關於亨利在這個晚上的洞見，可參*Sabbatical Journey: The Diary of His Final Year* (New York: Crossroad,1998), p. 202。

3. 他有三本著作以「心」命名，包括：*The Way of The Heart*（《心的道路》）、《熾熱的心》(*With Burning Hearts*)及《心應心》(*Heart Speaks to Heart*)；文章有：〈信靠的心與靈命的首要條件〉("The Trusting Heart and Primacy of the Mystical Life")；亦有用在靈修導引書籍《心靈麵包》(*Bread for the Journey*)裏的題旨中，包括：「羣體：心靈的質素」("Community, a Quality of the Heart")、「以饒恕醫治我們的心」("Healing our Hearts through Forgiveness")、「『灰暗地帶』」("Friendship in the Twilight Zones in the Heart")、「耶穌的心懷」"The Heart of Jesus"、「在神的心意中合一」("Unity in the Heart of God")以及「心胸如世界寬廣」("Hearts as Wide as the World")。而以《熾熱的心》命名的一輯影像光碟，於亨利在世時已經面世。

4. 亨利在這方面的釋經研究及對心一字的研究主要參考Paul J. Achtemeier編的*Harper's Bible Dictionary* (San Francisco: Harper & Row, 1985), p. 377。總括來說，在釋經上共有三個關於人的心的層面：情感上、頭腦上和意志上：

   心是情感的中心，包括感覺、情緒和激情。驕傲自大的心（賽九9）跟耶穌柔和謙卑的心（太十一29）形成強烈的對比。在情感上，心能夠快樂(箴十五15)、愁煩（尼二2）、憂愁（約十二27），或是感到平安（歌三15）。也可以是勇敢（撒下十七10）、懼怕（賽三十五11）、灰心（民三十二7）、嫉妒（箴二十三17），或甘心樂意（代下二十九31）、驕傲（申八14），或者可以是一顆清心（太五8）。心亦能被憐憫所動（路七13），或是因仇恨而變得剛硬（利十九17）。心亦能被燒得火熱（路二十四32），或是因冷漠而變得冰冷（啟二4～5）。此外，「心裏所充滿的，口裏就說出來」（太十二34）。

另一方面，我們的思想和反省亦來自我們的心。心明白神的真理（申八5），給人智慧以維持公義（王上三12），明辨好壞（王上三9）。某些聖經譯本亦把「心」等同為「頭腦」（代上二十九9），亦等同知識（傳八16）和記憶（箴三3）。「他心裏怎樣思量，他為人就是怎樣。」（箴二十三7）。

心亦代表我們所說的意志和良心。對一顆清心的祈求，就是渴望擁有一顆新造和更完美的良心（詩五十一10）。在意志上，我們透過心去**選擇**相信甚麼和在世上如何作出行動。一個人的性格怎樣，其實取決於他的心。心可以很頑梗（代下三十六13）、或是堅定（詩一〇八1）、或是詭詐（耶十七9），或是受傷痛悔（詩五十一篇）。這一切都在乎對神的基本態度和回應。意願、順服和委身都在心的中間形成。對別人的需要變得剛硬的心以及對神的愛變得冷漠的心，都可被神的恩典軟化、暖透、改變、更新或取代（見結三十六24～28）。

5. *Finding My Way Home: Pathways to Life and the Spirit* (New York: Crossroad, 2001), p. 68.

6. "The Biblical Concept of the Heart"是一九九四年在里吉斯學院(Regis College)的演講講章，收入聖邁克爾大學學院（University of St. Michael's College）盧雲檔案室的教學資料系列。

7. 詳細分析可參我的題旨性文章"A Matter of the Heart"，收錄在*The Holy Bible: New Century Everyday Study Edition*, Joel Green 及Tremper Longman III 編，(Dallas: Word Publishing, 1996), p. 406。

8. "Parting Words: A Conversation with Henri Nouwen," *Sacred Journey: The Journal of Fellowship in Prayer* (December, 1996).

9. *Here and Now: Living in the Spirit* (New York: Crossroad, 1994), p. 21.

10. *The Way of the Heart* (New York: Seabury, 1981), p. 77.

11. *Jesus and Mary: Finding our Sacred Center* (Cincinnati: St. Anthony Messenger Press, 1993), p. 31.

12. *The Way of the Heart,* p. 59.

13. "The Trusting Heart and the Primacy of the Mystical Life," *New Oxford Review* 53, no. 8 (October 1986): 5～14；較新的版本收錄在*The Road to Daybreak: A Spiritual Journey* (New York: Doubleday, 1988)。

14. 同上，頁6。

15. 同上。

16. 同上。

17. *The Return of the Prodigal Son: A Meditation on Fathers, Brothers, and Sons* (New York: Doubleday, 1992), pp.17～18.

18. *The Road to Daybreak*, p. 50.

19. *Heart Speaks to Heart: Three Prayers to Jesus* (Notre Dame, Ind.: Ave Maria, 1989), p. 14.

20. 同上，頁22。

21. 同上，頁41。

22. 同上，頁54，57。

23. 梅頓從他閱讀法國天主教伊斯蘭神祕主義學者路易斯(Louis Massignon)的*Essays on the Origins of Islamic Mysticism*, 1964（《伊斯蘭神祕主義起源文集》）中借用了這個生動的語句。它起源於哈拉智(al-hallaj)神祕主義的心理學說，認為「我們的心是一位處女，神的真理只會在那裏敞開。」路易斯解釋心可以被細分為四個心室。「處女」點代表人性潛意識最原始之點：最深入和奧祕之心；亦是最終末的、不能刪減的中心；一種只能用神學上否定的方法來認識的一份對神深深的認識，是神祕的、是靜止的。」見*Merton and Sufism*, Rob Baker and Gray Henry 編，(Louisville: Fons Vitae, 1999), p. 65。

24. Merton, *Conjectures of a Guilty Bystander* (Garden City, N.Y.: Doubleday, 1966), pp.156～158.

25. "Hesychasm"意即內在的平安與恬靜，是「主，求你憐憫我」的默觀式耶穌禱文禱告操練，進行時要與呼吸和心跳節奏配合。這個操練源於希臘聖山(Mount Athos)的修士，後來發展成俄羅斯東正教傳統的不住的禱告。

26. Nomura Yushi, *Desert Wisdom: Sayings from the Desert Fathers* (New York: Doubleday, 1982), p. 90.

27. 出自*The Art of Prayer: An Orthodox Anthology*, Timothy Ware編，Igumen Chariton of Valamo整理，K. Kadloubovsky及E. M. Palmer譯(London: Faber and Faber, 1997), p. 18的前言。

28. *The Way of the Heart,* p. 59.

29. 出自*The Art of Prayer,* p. 17的前言。

30. *The Way of the Heart,* pp. 67～68.

31. *The Art of Prayer,* p. 4前言。在東方東正教傳統中，這個靈命的成熟階段稱為"*theosis*"，意即在恩典中被聖化。

32. 見*Life of the Beloved: Spiritual Living in a Secular World* (New York: Crossroad, 1992)。盧雲在書中對「被愛」的反省依循聖餐感恩祭作出了四個劃分：接受、祝福、破碎、施予。

33. Thomas Merton, *Contemplative Critic* (San Francisco: Harper & Row, 1981), p. 37.

34. Robert A. Jonas 編，*Henri Nouwen* (Maryknoll, N.Y.: Orbis Books, 1998), p. xv。

35. Laurent Nouwen, *Henri's Vader Vertelt*, distributed by Lannoo (Tielt), Belgium, 1996, p. 26.

36. *Can You Drink the Cup? The Challenge of the Spiritual Life* (Notre Dame, Ind.: Ave Maria, 1996), p. 33.

37. *Finding My Way Home*, p. 62.

38. *Adam: God's Beloved* (Maryknoll, N.Y.: Orbis Books, 1997), p. 38.

39. *Finding My Way Home*, pp. 69～70.

40. 同上，頁82。

41. *Befriending Life: Encounters with Henri Nouwen*, Beth Porter, Susan M. S. Brown 及Philip Coulter 編 (New York: Doubleday, 2001), pp. 271～272。

42. "Parting Words: A Conversation with Henri Nouwen."

靈修著作精選 重整靈性生命，陶冶完善人格。

•盧雲系列•

羅馬城的小丑戲——對獨處、獨身、禱告及默觀之反省
盧雲著／袁達志譯　1990年12月初版　正32開128頁

心應心——真摯傾情的禱告
盧雲著／鄧紹光譯　1991年3月初版　正32開72頁

始於寧謐處——默想基督徒生命
盧雲著／洪麗婷譯　1991年6月初版　正32開96頁

親愛主，牽我手——認識禱告真義
盧雲著／徐麗娟譯　1991年10月初版　正32開120頁

奉耶穌的名——屬靈領導新紀元
盧雲著／李露明譯　1992年2月初版　正32開88頁

與祢同行——默想十架苦路
盧雲著／張小鳴譯　1992年4月初版　正32開128頁

鏡外——生死之間的省思
盧雲著／羅燕明譯　1992年5月初版　正32開72頁

新造的人——屬靈人的印記
盧雲著／莊柔玉譯　1992年8月初版　正32開88頁

生命中的耶穌——給年輕人的信
盧雲著／堵建偉譯　1993年3月初版　正32開152頁

愛中契合
盧雲著／霍玉蓮譯　1994年7月初版　正32開208頁

黎明路上——靈修日誌
盧雲著／羅燕明譯　1995年2月初版　正32開328頁

建立生命的職事
盧雲著／吳秋媚、黃偉明譯　1996年11月初版　正32開160頁

負傷的治療者——當代牧養事工的省思
盧雲著／張小鳴譯　1998年6月初版　正32開120頁

亞當——神的愛子
盧雲著／陳永財譯　1999年7月初版　正32開144頁

活出有愛的生命——俗世中的靈性生活
盧雲著／新加坡基督教長老會真理堂譯　1999年10月初版　正32開112頁

盧雲眼中的梅頓
盧雲著／李興邦譯　1999年12月初版　正32開176頁

念——別了母親後
盧雲著／莊柔玉譯　2000年5月重譯初版　正32開104頁

和平路上——關於和平與公義的文章
盧雲著／陳永財譯　2002年6月初版　正32開368頁

安息日誌——秋之旅
盧雲著／莊柔玉譯　2002年7月初版　正32開152頁

安息日誌——冬之旅
盧雲著／黃東英譯　2003年1月初版　正32開208頁

安息日誌——春夏之旅
盧雲著／祈去譯　2003年7月初版　正32開304頁

尋找回家路——生命和靈命的導引
盧雲著／劉秀怡譯　2004年1月初版　正32開144頁

• 蔡貴恆系列 •

歸回安息
蔡貴恆著　1995年11月初版　大32開152頁

重遇基督（默想導引）
蔡貴恆著　1997年7月初版　大32開216頁

• 操練系列 •

經歷神——退修默想導引
王志學著　1993年2月初版　正16開216頁

主啊，請說——默想的探討與操練
荷桂特著／尹潤芳譯 1994年9月初版 正16開內文208頁彩頁12頁

聖地靈旅(一)——耶路撒冷
雷建華著 1996年9月初版 大32開內文96頁彩頁24頁

奇異恩典在中年
王志學著 1996年11月初版 正16開240頁

記憶治療——心靈治療的禱告
丹尼斯．林、馬修．林著／方林偉譯 1998年5月初版 大32開120頁

•禱告良朋•

聖法蘭西斯
司徒柏格、博赫爾編／湛清譯 1991年10月初版 大48開160頁

茱莉安
杜嘉編／湛清譯 1993年4月初版 大48開168頁

•其他•

憑著愛
德蘭修女著／王麗萍譯 1990年12月初版 大32開88頁

活著就是愛
德蘭修女著／王麗萍譯 1992年2月初版 大32開80頁

禱告真諦——尋找心靈真正歸宿
傅士德著／周天和譯 1993年7月初版 大32開368頁

靈程答客問
蔡貴恆、黎汝佳、葉萬壽著 1998年12月初版 大32開120頁

痕／迹
韓瑪紹著／莊柔玉譯 2000年7月初版 正32開408頁

我們眼中的盧雲
鄧紹光編 2000年7月初版 大32開208頁

當祂甘願被掛在木頭上
包衡、哈特著／陳永財譯 2000年10月初版 大32開208頁

真禱告——基督教靈修學入門
李卓著／羅燕明譯　2001年4月初版　大32開272頁

默觀的新苗
梅頓著／羅燕明譯　2002年12月初版　正32開296頁

荒漠的智慧——沙漠教父語錄觀照
野村湯史作畫及英譯／莊柔玉中譯　2003年1月初版　大32開160頁

挪移大山的禱告
卡拉遜、弗爾靈著／吳世芳譯　2004年3月初版　正32開388頁

師徒關係——屬靈路上拖與帶
奇夫．安德遜、蘭迪．利斯著／李興邦譯
2004年10月初版　大32開256頁

帶著愛上路——讓傷痛得以痊癒的默想小品
莎倫．達迪斯、仙蒂．羅傑斯編著／黃東英譯
2005年1月初版　正32開174頁

我以詩篇來禱告
梅頓著／蔡錦圖譯　2005年4月初版　正32開55頁

誠心所求——實踐禱告生活的指引
約翰．普禮查特著／胡燕青、何雋譯　2005年5月初版　正32開206頁

寧靜源——給你的退修指引
希芙著／石彩燕譯　2005年7月初版　大32開166頁

緊扣時代　服事教會

以文字傳揚基督真道

讀者意見表

衷心多謝你購買本社書籍。本社一直致力以出版事工服事教會，幫助信徒扎根於神的話語，促進靈命增長。為使我們的出版更能滿足你的需要，請填寫下列各項資料，並寄回或傳真予本社。

所購書籍：________________

本書最吸引你的地方：

□作者　□適切性　□文筆　□設計　□實用性

□其他：________________

購買本書地點：

□基道書樓　□基督教書店　□非基督教書店

性別：□男　□女　職業：________________

信仰：□基督徒　□非基督徒

年齡：□ 16 歲或以下　□ 17～25 歲　□ 26～35 歲

□ 36～55 歲　□ 56 歲或以上

學歷：□中三或以下　□中五　□預科

□大學　□研究院

□我欲更多了解基道出版社的事工及考慮支持，請寄給我下列資料：

□機構簡介　□新書資料　□基道會員通訊

□《基道文字事工通訊》

姓名：________________ 電話：________________

地址：________________

____

傳真：________________ 電子郵件：________________

其他意見：________________

____

多謝賜教！

意見表可以傳真（2687-0281）或直接郵寄以下地址：

香港沙田火炭坳背灣街26號富騰工業中心1011室

基道出版社編輯部收